Der aktuelle Verwarnungs- und Bußgeld-Katalog

ADAC-Handbuch

Der aktuelle Verwarnungs- und Bußgeld-Katalog

mit Erläuterungen

Ausgabe 1990

Wolf-Dieter Beck
Joachim Speer

ADAC Verlag

CIP-Titelaufnahme der Deutschen Bibliothek

Beck, Wolf-Dieter:
Der aktuelle Verwarnungs- und Bußgeld-Katalog
mit Erläuterungen / Beck ; Speer. – 2. Aufl. –
München : ADAC-Verl., 1990
(ADAC-Handbuch)
ISBN 3-87003-375-4
NE: Speer, Joachim

1. Ausgabe 1989
2., ergänzte Ausgabe 1990

Stand: Januar 1990
Redaktion: Gisela Tutas
Herstellung: Günther Michalke
Satz und Druck: Ludwig Auer GmbH, Donauwörth

ISBN 3-87003-375-4
ISSN 0936-8604

Inhalt

Die Autoren

**Wolf-Dieter Beck und
Joachim Speer**

sind Rechtsanwälte und seit über zwei Jahrzehnten Mitarbeiter der Juristischen Zentrale des ADAC. Sie haben also langjährige fundierte Erfahrung im Verkehrsrecht.

Ihnen ist es gelungen, durch klare und einleuchtende Aufbereitung des Themas auch Nichtjuristen die Inhalte dieser neuen Kataloge verständlich zu machen. Darüber hinaus werden Wege aufgezeigt, wie den Problemen zu begegnen ist, die sich aus begangenen und mit Verwarnungsgeld, Bußgeld oder gar Punkten belegten Verkehrsverstößen ergeben.

Einleitung

›Consummatum est‹ – oder in der wohl bekannteren Version ausgedrückt: Es ist vollbracht! Ab 1. Januar 1990 gibt es (endlich) einen neuen bundeseinheitlichen Bußgeldkatalog, um den in den einschlägigen Gremien seit Jahren gerangelt und gerungen wurde. Zum gleichen Zeitpunkt tritt auch ein umfangreicher Verwarnungsgeldkatalog in Kraft, der ebenfalls überall in der Bundesrepublik Deutschland und in West-Berlin gilt. Darin sind nahezu lückenlos die Verkehrsverstöße aufgezählt, die im Straßenverkehr vorkommen können. Insbesondere die gängigen Übertretungen der Straßenverkehrsordnung (StVO), in der das richtige Verhalten der Verkehrsteilnehmer genau geregelt ist, sind enthalten; die Bestimmungen der Straßenverkehrs-Zulassungsordnung (StVZO) – in ihr sind die Vorschriften zur Ausrüstung festgelegt – sind aufgenommen.
Die bisherigen Länder-Kataloge, die zum Teil erheblich voneinander abwichen, werden durch diese bundeseinheitlichen Kataloge gegenstandslos.
Ein langer Weg führte zu diesen bundeseinheitlichen Katalogen: Bereits im Dezember 1982 wurde der Bundesverkehrsminister vom Gesetzgeber beauftragt, einen einheitlichen Bußgeldkatalog zu erstellen. Damit wurde einer langjährigen Forderung des Allgemeinen Deutschen Automobil-Clubs (ADAC) entsprochen, wonach weitgehend alle möglichen Verkehrsverstöße in einem einzigen Katalog in tabellarischer und übersichtlicher Form erfaßt werden sollten. Ziel dieser Forderung: Egal, wo in der Bundesrepublik Deutschland oder in West-Berlin ein Bundesbürger in Verkehrsverstöße verwickelt wurde, er sollte sich über die Folgen zuverlässig und direkt informieren können, die Gleichbehandlung sollte auch auf diesem Sektor gewährleistet werden.
Bisher war dies schon deshalb unmöglich, weil die gleichen Ordnungswidrigkeiten in verschiedenen Teilen der Bundesrepublik unterschiedlich geahndet werden konnten. Die bundeseinheitlichen Kataloge schaffen jetzt die erforderlichen Voraussetzungen, jedem Verkehrsteilnehmer klar zu vermitteln, welche Auswirkungen Verkehrsverstöße haben.
In diesem kleinen Handbuch sind die neuen Kataloge in eine übersichtliche Form gebracht worden; die Verkehrsverstöße sind beschrieben, die gesetzlichen Vorschriften zugeordnet und die in der Regel zu zahlenden Geldsummen sind vermerkt. Auch ist erkennbar, in welchen Fällen mit der Verhängung eines Fahrverbots gerechnet werden muß. Die Verfasser dieser Broschüre haben außerdem eine eigene Spalte hinzugefügt, aus der zugleich ersichtlich ist, ob im betreffenden Fall ›Flensburg-Punkte‹ anfallen und wieviele Punkte dafür eingetragen werden. Hierbei wird deutlich, daß der Gesetzgeber

bei der Zuteilung der Punkte weniger zurückhaltend war als früher. Mit dieser Maßnahme erhofft man sich wohl eine wirksamere ›Verkehrserziehung‹ als mit langmütigen Appellen.
Antwort auf alle Fragen, die sich zum gesamten Komplex stellen können, geben die ›Erläuterungen‹; ein außergewöhnlich detailliertes und durchformuliertes Inhaltsverzeichnis führt unmittelbar zum gewünschten Thema.
Weder der Bußgeldkatalog noch der Verwarnungsgeldkatalog enthalten ausnahmslos alle möglichen Verstöße im Straßenverkehr. Doch alle wichtigen Tatbestände und solche, die immer wieder vorkommen, sind erfaßt.
Die Verstöße, die ausnahmsweise nicht in den Katalogen enthalten sind, können durch die Bundesländer geahndet werden. So ist leider nicht auszuschließen, daß die Länder doch wieder eigene Kataloge erstellen; allerdings unterliegen sie diesmal Einschränkungen: Die Länderkataloge dürfen von den bundeseinheitlichen Katalogen nicht abweichen! Bei Verkehrsverstößen, die in den Bundes-Katalogen nicht ausdrücklich enthalten sind, werden die Länder verpflichtet, sich an Tatbeständen ähnlicher Art und Schwere aus den Bundeskatalogen zu orientieren. Eine unterschiedliche und damit ungerechte Ahndung in den einzelnen Bundesländern wird also kaum mehr eintreten können.
In den Katalogen wurden die Verwarnungsgelder und Regelbußen nicht unerheblich angehoben. Es ist zwar keine generelle durchgehende Erhöhung der Ahndungssätze eingetreten. Immerhin werden jedoch häufige, meist allerdings auch besonders gefährliche Verstöße mit höheren Bußen als bisher belegt, so z. B. Geschwindigkeitsüberschreitungen, unangepaßte Fahrweise bei Nebel und Glatteis, Überholen, zu geringe Abstände. Empfindlich teurer wird auch das Falschparken. Hier treten Erhöhungen von zum Teil mehr als 100% ein!
Die Bundeskataloge gelten nur für begangene Verkehrsverstöße im Inland, nicht im Ausland. Dort liegen auch keine regelrechten Kataloge für Verkehrsverstöße vor, die denen in der Bundesrepublik Deutschland entsprechen, die ebenso systematisch aufgebaut und übersichtlich gegliedert sind – in vielen anderen Ländern fallen dafür die zu erwartenden Geldbußen allerdings erheblich höher aus, die Ahndung von Verkehrsverstößen ist oft drakonischer.
Es empfiehlt sich also hier wie dort: Angepaßtes und rücksichtsvolles Fahren, Einhaltung der Verkehrsregeln und partnerschaftliches Verhalten machen sich letztendlich bezahlt – und schonen die Nerven! Gute Fahrt.

Wie sind die Kataloge aufgebaut?

Im **Bußgeldkatalog** wie im **Verwarnungsgeldkatalog** ist in der linken Spalte zunächst einmal eine *laufende Nummer (Nr.)* angegeben; dies ist die Ordnungszahl, die zum jeweiligen Tatbestand (Tatbestandsnummer) gehört. In der Spalte rechts daneben wird der *Tatbestand* aufgeführt, also der Verkehrsverstoß beschrieben. In der nächsten Spalte sind die gesetzlichen Vorschriften angegeben, gegen die verstoßen wird, also die Paragraphen der Straßenverkehrsordnung und der Straßenverkehrs-Zulassungsordnung (*§§ StVO, §§ StVZO*). In der weiteren Darstellung unterscheiden sich die beiden Kataloge:

Beim **Verwarnungsgeldkatalog** ist der Betrag zunächst unter der Rubrik *Grundtatbestand (Gtb.)* festgehalten. Soweit es wegen einer *Behinderung (Beh.), Gefährdung (Gef.)* oder *Sachbeschädigung (Sbs.)* eine Erhöhung gibt, ist dies in eigenen Spalten vermerkt. Für die im Verwarnungsgeldkatalog ausgewiesenen Verkehrsverstöße gibt es keine Punkte, da die Verwarnungsgelder DM 75,– nicht übersteigen können und Punkte erst bei Beträgen ab DM 80,– anfallen.

Im **Bußgeldkatalog** folgt neben der Spalte mit den gesetzlichen Vorschriften (z. B. *§§ StVO*) eine weitere Spalte, in der die in der Regel zu zahlenden Geldbeträge stehen. Außerdem ist in dieser Spalte deutlich angegeben, ob ein Fahrverbot – und gegebenenfalls mit welcher Dauer – in Betracht kommt: *Regelsatz in DM und Fahrverbot.* Zuletzt sind die *Punkte* angeführt, die bei Geldbußen ab DM 80,– immer vergeben und in der Verkehrssünderkartei in Flensburg festgehalten werden.

Wenn auf *Tabellen* verwiesen wird, dann findet man in diesen Tabellen die Regelgeldbuße, ein eventuelles Fahrverbot, dessen Dauer und die Anzahl der Punkte.

Im **Katalog für Straftaten im Verkehr** sind die *Punkte* angegeben, die bei den verschiedenen Vergehen im Straßenverkehr nach dem Strafgesetzbuch oder anderen Gesetzen verteilt werden.

Alle nicht im Bußgeld- oder im Verwarnungsgeldkatalog aufgezählten verkehrsrechtlichen Ordnungswidrigkeiten, bei denen eine Geldbuße von DM 80,– und mehr fällig wird, verursachen einen Eintrag in der Verkehrssünderkartei in Flensburg und einen Punkt.
Alle im Katalog für Straftaten im Verkehr nicht aufgezählten verkehrsrechtlichen Vergehen werden mit fünf Punkten bewertet.

Inhalt und Bedeutung der Kataloge

Der neue Bußgeldkatalog

Ab 1. 1. 1990 gibt es einen neuen bundeseinheitlichen Bußgeldkatalog. Darin sind nahezu alle möglichen Verkehrsverstöße enthalten und aufgelistet, die ein Verkehrsteilnehmer begehen kann und die eine Geldbuße von DM 80,– und mehr und/oder ein Fahrverbot nach sich ziehen. Er gilt in der gesamten Bundesrepublik und in West-Berlin. Die bisherigen Länderkataloge sind damit gegenstandslos.

Der neue Verwarnungsgeldkatalog

Ab 1. 1. 1990 gibt es statt der bisherigen Kataloge der Länder auch einen neuen bundeseinheitlichen Verwarnungsgeldkatalog. Hierin sind die Verkehrsverstöße aufgezählt, bei denen ein Verwarnungsgeld bis zu DM 75,– zu bezahlen ist und die nicht in der Flensburger Verkehrssünderkartei eingetragen sowie nicht mit Punkten bewertet werden.

Welche Verstöße enthalten die Kataloge?

Bußgeld- und Verwarnungsgeldkatalog enthalten nicht sämtliche möglichen Verstöße im Straßenverkehr. Aber die wesentlichen Tatbestände, die immer wieder vorkommen und die für die Verkehrssicherheit wichtig sind, werden aufgezählt, so z. B. Falschparken, Geschwindigkeitsüberschreitungen, Vorfahrtverletzungen, Rotlichtverstöße, Abstandsunterschreitungen.
Für diese Ordnungswidrigkeiten sind in den Katalogen feste Sätze (Verwarnungs- bzw. Bußgelder) vorgesehen. Die Beträge stellen Regelsätze dar, die von fahrlässiger Begehung und gewöhnlichen Tatumständen ausgehen.
Wird ein Verkehrsverstoß vorsätzlich begangen, dann erhöht sich die Geldbuße.

Sind die Buß- und Verwarnungsgelder immer in der vorgesehenen Höhe zu verhängen?

Der Bußgeldkatalog ist in Form einer Rechtsverordnung erlassen worden. Hieraus folgt, daß die zuständigen Bußgeldbehörden und die Gerichte insoweit an die Katalogsätze gebunden sind, als Regelfälle vorliegen. Ein Regelfall liegt vor, wenn die Tatausführung allgemein üblicher Begehungsweise entspricht und keine Besonderheiten auf-

weist. Von gewöhnlicher Tatausführung ist z. B. bei einer Geschwindigkeitsüberschreitung auszugehen, die unter normalen Verhältnissen erfolgt und die auch die Verkehrssicherheit nicht besonders beeinträchtigt.
Kein Regelfall und damit keine Bindung der Bußgeldbehörden und der Gerichte an die vorgegebenen Geldbußen liegt dagegen vor, wenn der Verkehrsverstoß Besonderheiten aufweist, wie beispielsweise Mitverschulden eines anderen Kraftfahrers, besonders langjährige unbeanstandete Fahrpraxis, unterdurchschnittliche wirtschaftliche Verhältnisse. In derartigen Fällen kommt eine Abweichung nach unten in Betracht. Eine Erhöhung des Bußgeldes kommt dagegen in Frage, wenn z. B. einschlägige Voreintragungen vorhanden sind oder wenn der Täter besonders rücksichtslos gehandelt hat.
Ein Ermessensspielraum bei der Festsetzung der Geldbuße bleibt dem Gericht also erhalten.
Im übrigen muß die Bußgeldbehörde bei Vorliegen einer Ordnungswidrigkeit nicht in jedem Fall die in den Katalogen festgesetzten Bußen verhängen. Es liegt in ihrem pflichtgemäßen Ermessen, ob sie überhaupt einschreitet oder ob sie von einer Verfolgung absieht. Das Absehen von einer Ahndung kann in Betracht kommen, wenn der Verkehrsverstoß keine Bedeutung hat, wenn eine Gefährdung oder Behinderung ausgeschlossen ist, wenn eine fahrlässige und wenig bedeutsame Verletzung einer Vorschrift vorliegt, wenn eine Bestimmung erst kurze Zeit in Kraft ist oder wenn sich der Betroffene bei einer geringfügigen Verfehlung einsichtig zeigt. In solchen Fällen kann auch das Gericht ein zuvor eingeleitetes Verfahren gem. § 47 Abs. 2 OWiG einstellen.
An die Sätze im Verwarnungsgeldkatalog, der keine Rechtsverordnung, sondern eine allgemeine Verwaltungsvorschrift darstellt, sind die Gerichte nicht gebunden, wohl aber die Polizei und die Bußgeldbehörden. Der Richter wird jedoch von diesen Sätzen auch nur dann abweichen, wenn besondere Umstände in der Begehungsweise oder in der Person des Betroffenen vorliegen.

Wie werden Verstöße behandelt, die nicht in den Katalogen enthalten sind?

Soweit ausnahmsweise für einzelne Tatbestände Regelsätze in den Katalogen nicht enthalten sind, können die Bundesländer die Geldbußen fallbezogen und nach pflichtgemäßem Ermessen selbst festsetzen. Hierbei müssen sie Tatbestände ähnlicher Art und Schwere aus den Katalogen als Orientierung zu Hilfe nehmen.

Abweichung vom Bußgeldkatalog aus wirtschaftlichen Gründen

Die Geldbuße wegen einer Ordnungswidrigkeit kann mit Rücksicht auf die wirtschaftlichen Verhältnisse des Betroffenen abweichend von dem Regelsatz der Geldbuße, die für die zugrundeliegende Ordnungswidrigkeit im Bußgeldkatalog vorgesehen ist, festgesetzt werden. In solchen Fällen ist für die Frage, ob der Verstoß in die Flensburger Verkehrssünderkartei eingetragen und bepunktet wird, der im Bußgeldkatalog vorgesehene Regelsatz maßgebend. Wird also z. B. wegen der schlechten wirtschaftlichen Lage des Betroffenen die im Bußgeldkatalog vorgesehene Buße von DM 80,– herabgesetzt, so bleibt es bei der vorgesehenen Eintragung und Bepunktung (vgl. § 28a StVG).

Höhere Bußen für den Fahrzeughalter

Die Geldbußen für Überschreitung der zulässigen Achslast, des zulässigen Gesamtgewichts, der zulässigen Anhängelast hinter einem Kraftfahrzeug sowie für den Verstoß gegen sonstige Pflichten betreffend den verkehrssicheren Zustand des Fahrzeugs sind für den Halter eines Fahrzeugs erheblich höher als für den Fahrzeugführer. Zuwiderhandlungen des Halters gegen Vorschriften, die z. B. die technische Beschaffenheit eines Kraftfahrzeugs regeln, wiegen nämlich regelmäßig schwerer als die des Fahrzeugführers, weil den Halter die unmittelbare Verantwortung für den ordnungsgemäßen Zustand des Fahrzeugs trifft.
Diese Vorschrift gilt auch bei Identität von Fahrzeughalter und Fahrzeugführer, hier sind in den vorgenannten Fällen die erhöhten Geldbußen für den Halterverstoß nach dem Bußgeldkatalog festzusetzen (vgl. hierzu Tatbestandsnr. 55.1 i. V. m. der Tabelle 3 sowie die Tatbestandsnr. 60, 62.1 bis 62.3 im Katalogteil).

Erhöhung der Regelsätze bei Vorliegen einer Gefährdung oder Sachbeschädigung

Die Regelsätze nach dem Bußgeldkatalog erhöhen sich bei Vorliegen einer Gefährdung oder Sachbeschädigung nach der Tabelle 4 (vgl. Seite 102).

Erhöhung der Regelsätze beim Führen eines kennzeichnungspflichtigen Kraftfahrzeugs mit gefährlichen Gütern oder eines Kraftomnibusses mit Fahrgästen

Wird von dem Führer derartiger Fahrzeuge ein Tatbestand verwirklicht, der den im Bußgeldkatalog unter den nachfolgend aufgezählten Nummern erfaßten Tatbeständen entspricht, so erhöht sich der dort genannte Regelsatz (auch in den Fällen einer Gefährdung oder Sachbeschädigung nach der Tabelle 4) jeweils um die Hälfte, höchstens

jedoch auf DM 450,–: Nr. 3, 7, 9, 9.1, 9.1.1, 60, 62, 62.1 bis 62.3 oder Nr. 6.1 oder 6.2, jeweils i.V.m. der Tabelle 2 oder Nr. 55.1 oder 55.2, jeweils i.V.m. der Tabelle 3.
Auch der Halter muß diesen Betrag bezahlen, wenn er die Inbetriebnahme eines kennzeichnungspflichtigen Kraftfahrzeugs mit gefährlichen Gütern oder eines Kraftomnibusses mit Fahrgästen in den Fällen der nachfolgenden Tatbestandsnummern anordnet oder zuläßt: Nr. 51.1, 51.2, 51.2.1 bis 51.2.3, 51.3, 61 oder Nr. 56.1 oder 56.2, jeweils i.V.m. der Tabelle 3 des Bußgeldkataloges.

Tateinheit

Werden durch eine Handlung mehrere Tatbestände des Bußgeldkataloges verwirklicht, so ist immer nur ein einziger Regelsatz, bei unterschiedlichen Regelsätzen der höchste, anzuwenden. Dieser kann auch angemessen erhöht werden, höchstens jedoch auf DM 450,–.

Bußen für Fußgänger und Radfahrer

Der Verwarnungsgeldkatalog und der Bußgeldkatalog gelten grundsätzlich auch für nichtmotorisierte Verkehrsteilnehmer. Wenn diese Kataloge nicht besondere Tatbestände für diese Verkehrsteilnehmer enthalten, wird grundsätzlich der genannte Regelsatz um die Hälfte ermäßigt.

Das Fahrverbot

Wann wird es verhängt?

Im Bußgeldkatalog sind in Fällen gröberer Verkehrsverstöße, z. B. bei höheren Geschwindigkeitsüberschreitungen, bei Abstandsunterschreitungen, bei grob falschem Überholen, Fahrverbote vorgesehen (vgl. hierzu Nr. 5.1 bis 5.3, jeweils i.V.m. der Tabelle 1, Nr. 6.1 und 6.2 i.V.m. der Tabelle 2, Nr. 9.1.1 und 19.3 sowie 68 des Bußgeldkatalogs). Ein Fahrverbot kommt darüber hinaus in Betracht, wenn gegen den Führer eines Kraftfahrzeugs schon einmal wegen einer Geschwindigkeitsüberschreitung von mindestens 26 km/h eine Geldbuße rechtskräftig festgesetzt worden ist und er innerhalb eines Jahres seit Rechtskraft dieser Entscheidung nochmals eine Geschwindigkeitsüberschreitung von mindestens 26 km/h begeht.
Diese im Bußgeldkatalog ausgewiesenen Regelfahrverbote verpflichten jedoch das Gericht nicht, ein solches Fahrverbot auch auszusprechen. Ob ein Fahrverbot verhängt werden kann, ist aus § 25 StVG zu entnehmen. Diese Vorschrift wiederum hat durch die Rechtsprechung des Bundesverfassungsgerichts und der Oberlandesgerichte eine einschränkende Auslegung erfahren. Ob und für wie lange ein Fahrverbot verhängt wird, kann deshalb nicht schematisch und abschließend durch den bundeseinheitlichen Bußgeldkatalog geregelt werden.
Nach der genannten Rechtsprechung ist die Verhängung eines Fahrverbots dann zulässig, wenn der Betroffene als Kraftfahrzeugführer seine Pflichten grob oder beharrlich verletzt hat. Dies ist der Fall, wenn sich der Kraftfahrer ganz besonders verantwortungslos verhält und nachhaltig wichtige Verkehrsvorschriften mißachtet. Der erste Rückfall einer Geschwindigkeitsüberschreitung muß noch nicht automatisch den Vorwurf beharrlicher Pflichtverletzung begründen (vgl. hierzu BVerfG in NJW 1969, 1623). Das Gericht hat auch stets zu prüfen, ob der Kraftfahrer nicht durch eine erhöhte Geldbuße zur Besinnung auf seine Pflichten gebracht werden kann.
Für den Fall, daß ein Fahrverbot zum ersten Mal verhängt wird, beträgt die Mindestdauer einen Monat.
Wird von der Anordnung eines Fahrverbots abgesehen, so kann der für den betroffenen Tatbestand bestimmte Regelsatz der Geldbuße angemessen erhöht werden.

Inhalt des Fahrverbots

Das Fahrverbot, das für ein bis drei Monate ausgesprochen werden kann, gilt für Kraftfahrzeuge jeder Art. Sofern nicht Ausnahmen zugelassen werden, können keinerlei Kraftfahrzeuge während der Dauer des Fahrverbots geführt werden, auch keine Mofas.

Beginn und Ablauf des Fahrverbots

Das Fahrverbot beginnt mit der Rechtskraft der Entscheidung. Die Frist beginnt jedoch erst mit der amtlichen Verwahrung des Führerscheins (vgl. § 25 Abs. 5 StVG). Deshalb sollte nach Rechtskraft des Bußgeldbescheides bzw. des Urteils der Fahrausweis bei der zuständigen Polizeiinspektion oder bei der Staatsanwaltschaft sofort abgegeben bzw. diesen Stellen durch Einschreiben zugesandt werden. Nach Ablauf des Fahrverbots ist der Führerschein dem Betroffenen zurückzugeben. Der Kraftfahrer muß also im Gegensatz zum Führerscheinentzug nicht einen Antrag auf Ausstellung einer neuen Fahrerlaubnis stellen; er erhält den ursprünglichen Führerschein zurück. Bei außerdeutschen Kraftfahrzeugführern wird die Dauer des Fahrverbots im Führerschein vermerkt. Während dieser Zeit dürfen sie im Inland kein Kraftfahrzeug führen.

Verwarnungs- und Bußgeldverfahren einschließlich Gerichtsverfahren

Wann verwarnt die Polizei?

Wenn geringfügige Verkehrsverstöße vorliegen, kann die Polizei gem. § 56 Abs. 1 OWiG eine Verwarnung erteilen. Das Verwarnungsgeld beträgt zwischen DM 5,– und DM 75,–. Die Höhe der Verwarnungsgelder ist im Verwarnungsgeldkatalog geregelt.
Die Verwarnung kann schriftlich oder aber auch persönlich durch Aushändigung des Verwarnungszettels durch die Polizei erfolgen. Auch eine gebührenfreie Verwarnung ist möglich, insbesondere bei nicht bedeutsamen Verstößen.
Ist die Verwarnung schriftlich erteilt, dann muß eine Frist von einer Woche zur Annahme bestimmt werden (§ 56 Abs. 2 OWiG). Eine Überlegungs- bzw. Zahlungsfrist von einer Woche kann sich der Betroffene auch erbitten, wenn er nicht sofort zahlen kann oder wenn das Verwarnungsgeld höher als DM 20,– ist.

Wirksamwerden der Verwarnung

Gemäß § 56 Abs. 2 OWiG ist die Verwarnung nur wirksam, wenn der Betroffene nach Belehrung über sein Weigerungsrecht mit ihr einverstanden ist und wenn er das Verwarnungsgeld auch tatsächlich sofort bzw. innerhalb einer Woche zahlt. Ein stillschweigendes Einverständnis liegt vor, wenn bezahlt wird. Erfolgt die Zahlung nach Ablauf der eingeräumten Frist, dann kann die Verwaltungsbehörde den Betrag zurücküberweisen. Eine rechtskräftige Verwarnung liegt dann nicht vor; in der Regel wird in diesem Fall eine Anzeige erstattet. Wird dagegen das Geld trotz verspäteter Zahlung angenommen, ist die Verwarnung gültig. Liegt eine wirksame Verwarnung vor, darf die Tat nicht mehr weiterverfolgt werden.

Hat eine wirksame Verwarnung Folgen?

Eine Verwarnung wird nicht in der Verkehrssünderkartei in Flensburg eingetragen, es gibt keine Punkte. Bei einem Unfall bedeutet ihre Annahme auch nicht, daß die Schuld anerkannt ist.

Wann erfolgt eine Anzeige?

Wenn die Bezahlung einer Verwarnung abgelehnt wird oder wenn der Verkehrsverstoß nicht geringfügig ist und somit die Voraussetzungen für eine Verwarnung fehlen, erfolgt eine Anzeige.

In der Regel wird diese durch die Polizei erstattet. Auch Privatpersonen können eine Anzeige erstatten.

Kann ein Unfallbeteiligter eine Anzeige erzwingen?

Ein Unfallbeteiligter hat keine Möglichkeit, die polizeiliche Aufnahme eines Verkehrsunfalls zu erzwingen. Unfälle, bei denen der Schaden je Fahrzeug DM 3000,– nicht übersteigt, sind als sogenannte Bagatellschäden anzusehen und müssen nicht durch die Polizei aufgenommen werden. Diese Bagatellschadensgrenze wird in Kürze auf DM 4000,– je Fahrzeug angehoben. Die herbeigerufene Polizei wird in derartigen Fällen den Unfall lediglich im Tagebuch vermerken.
Eine Unfallaufnahme muß erfolgen, wenn es Verletzte gibt, Alkohol im Spiel ist oder ein gravierender Verkehrsverstoß begangen wurde.

Anhörung des Betroffenen, seine Rechte und Pflichten

In jedem Fall muß dem Betroffenen nach einer Anzeige Gelegenheit gegeben werden, sich zur Beschuldigung zu äußern. Eine bestimmte Form ist für die Anhörung nicht vorgesehen. Meist erfolgt sie durch Übersendung eines sogenannten Anhörungsbogens, oft aber auch durch Vorladung zu einer Polizeiinspektion. Dieser Vorladung muß der Betroffene nicht nachkommen. Bei der Polizei muß er zur Sache nichts aussagen. Er kann die Auskunft verweigern oder schweigen. Er kann auch einen Anwalt mit der Wahrnehmung seiner Interessen beauftragen. Auf diese Rechte muß der Betroffene hingewiesen werden.
In jedem Fall besteht jedoch die Pflicht, wahrheitsgemäß die Personalien anzugeben. Dies gilt selbst dann, wenn der Betroffene meint, nichts mit dem Verkehrsverstoß zu tun zu haben.
ADAC-Mitglieder erhalten auf Kosten des Clubs Rechtsberatung. Näheres erfährt man bei den Gau-Geschäftsstellen oder bei der Juristischen Zentrale des ADAC, siehe Seite 124.

Bußgeldbescheid

Wenn der Sachverhalt genügend aufgeklärt und dem Betroffenen Gelegenheit gegeben worden ist, sich zur Sache zu äußern, wird durch die Verwaltungsbehörde entschieden, ob Erlaß eines Bußgeldbescheids oder Verfahrenseinstellung erfolgt. Wenn genügend Beweise für die Schuld vorliegen, wird der Bußgeldbescheid durch die Bußgeldstelle erlassen. Im Bußgeldbescheid ist die Tat in tatsächlicher und rechtlicher Beziehung bezeichnet, der Tatbestand des Verstoßes ist aufgeführt, die Buße (in der Regel die in dem Verwarnungs- oder Bußgeldkatalog ausgewiesene) wird zuzüglich der Kosten festgesetzt. Soll ein Fahrverbot ausgesprochen werden, so wird auch dieses im Bußgeldbescheid ausdrücklich vermerkt.

Einspruch gegen einen Bußgeldbescheid

Gegen den Bußgeldbescheid kann gem. §67 OWiG innerhalb von zwei Wochen nach Zustellung schriftlich oder zur Niederschrift bei der den Bescheid erlassenden Bußgeldbehörde Einspruch eingelegt werden. Auch telefonisch und fernschriftlich ist dies möglich. Eine genaue Rechtsmittelbelehrung enthält jeder Bußgeldbescheid.
Einspruch einlegen kann der Betroffene selbst, sein Anwalt oder aber auch ein besonders Bevollmächtigter.
Einzureichen ist der Einspruch bei der Bußgeldbehörde. Er muß nicht begründet werden. Maßgebend für die Einhaltung der Frist ist das Eingangsdatum des Einspruchs bei der Behörde. Die Frist beginnt mit der Zustellung. Sie beginnt auch zu laufen, wenn der Bescheid bei der Post niedergelegt und der Betroffene benachrichtigt wird. Fällt das Ende der Zweiwochenfrist auf einen Samstag, Sonntag oder Feiertag, dann kann noch bis zum Ablauf (24.00 Uhr) des ersten darauffolgenden Werktags Einspruch eingelegt werden.

Was geschieht mit dem Einspruch?

Ist der Einspruch rechtzeitig erfolgt, prüft zunächst die Bußgeldbehörde, ob der Bescheid aufrechterhalten oder zurückgenommen wird. Zu diesem Zweck kann sie gemäß §69 OWiG weitere Ermittlungen durch die Polizei veranlassen oder selbst vornehmen und dem Betroffenen noch einmal Gelegenheit geben, sich innerhalb einer zu bestimmenden Frist zur Sache zu äußern. Der Betroffene muß das jedoch nicht tun; er kann nach wie vor schweigen, ohne daß dies für ihn ungünstige Folgen haben darf.
Nimmt die Bußgeldbehörde den Bescheid nicht zurück, dann werden die Akten an die Staatsanwaltschaft übersandt. Auch dort wird noch einmal geprüft, ob der Sachverhalt genügend aufgeklärt ist.
Anschließend wird die Akte dem zuständigen Gericht vorgelegt.

Gerichtsverfahren

Das Gericht wird in der Regel Hauptverhandlungstermin anberaumen, um über den Einspruch zu entscheiden. Es kann gemäß §72 OWiG aber auch schriftlich durch Beschluß entscheiden. Voraussetzung hierfür ist jedoch, daß der Betroffene diesem Verfahren nicht widerspricht. Bei diesem schriftlichen Verfahren darf das Gericht keine höhere Buße aussprechen, als im Bußgeldbescheid festgesetzt ist, es kann auch sonst von der im Bußgeldbescheid getroffenen Entscheidung nicht zum Nachteil des Betroffenen abweichen.
Wenn Hauptverhandlungstermin angesetzt ist, wird das Gericht zu diesem Termin alle für die Aufklärung des Sachverhalts wesentlichen Zeugen laden. Wenn Fragen wichtig sind, die nur durch Hinzuziehung eines Sachverständigen beantwortet werden können, wird ein

solcher eingeschaltet. Dies kann der Fall sein, wenn es z. B. um die Klärung eines durch die Polizei durchgeführten technischen Meßverfahrens geht (Geschwindigkeits- oder Abstandsmeßverfahren!) oder wenn schwierige Fragen einer Unfallrekonstruktion zu klären sind.
Häufig wird das Gericht zur Aufklärung des Sachverhalts auch das persönliche Erscheinen des Betroffenen anordnen, selbst wenn er durch einen Anwalt vertreten ist. Das Gericht kann diese Anordnung allerdings nicht willkürlich treffen; sie liegt im pflichtgemäßen Ermessen, wobei eine Abwägung der für und gegen eine solche Maßnahme sprechenden Umstände vorzunehmen ist. Wohnt z. B. der betroffene Bürger weit vom Gerichtsort entfernt (z. B. weil er den Verkehrsverstoß an seinem Urlaubsort begangen hat), dann ist vielfach zu erreichen, daß auf das persönliche Erscheinen im Termin verzichtet wird.
In der Hauptverhandlung wird zunächst der Inhalt des Bußgeldbescheids dem Betroffenen noch einmal vorgehalten. Das Gericht fragt, ob er sich äußern will und klärt ihn darüber auf, daß er das Recht hat, keinerlei Angaben zur Sache und zu seinen wirtschaftlichen Verhältnissen zu machen. Welcher Weg der bessere ist, muß vorher, evtl. mit Hilfe eines Rechtsanwalts, genau überlegt werden. Die Personalien sind jedoch immer anzugeben.
Wenn der Betroffene bereit ist, zu dem vorgeworfenen Sachverhalt Stellung zu nehmen, hört das Gericht seine Darstellung an. Anschließend werden etwa vorhandene Zeugen bzw. geladene Sachverständige gehört. Unter Umständen verliest das Gericht auch schriftliche Protokolle, Erklärungen oder Urkunden; die Verlesung und Verwertung bedarf jedoch gem. § 77a OWiG der Zustimmung des Betroffenen.

Entscheidung des Gerichts

Nach Beendigung der Beweisaufnahme wird das Gericht ein Urteil verkünden. Zuvor hat der Betroffene Gelegenheit zum sogenannten ›letzten Wort‹. Wenn zusätzliche Aufklärungen nötig sind, wird ein weiterer Verhandlungstermin angesetzt.
Ist das Gericht der Auffassung, daß dem Betroffenen der im Bußgeldbescheid zur Last gelegte Sachverhalt nicht nachgewiesen werden kann, so verkündet es einen Freispruch. Die zunächst ausgewiesene Geldbuße entfällt, die gesamten Verfahrenskosten einschließlich der notwendigen Auslagen des Betroffenen (auch Kosten des Verteidigers) sind dann von der Staatskasse zu tragen.
Ist das Gericht der Meinung, daß sich der Sachverhalt so zugetragen hat, wie dies im Bußgeldbescheid festgehalten ist, dann erfolgt eine Verurteilung. Nach pflichtgemäßem Ermessen wird das Gericht die zu verhängende Geldbuße bestimmen, wobei es die Bedeutung der Ordnungswidrigkeit und den Vorwurf, der den Täter trifft, zu berücksichtigen hat. Die wirtschaftlichen Verhältnisse kommen gemäß § 17 OWiG ebenfalls in Betracht, wenn es sich nicht um ganz geringfügige Ordnungswidrigkeiten handelt. Stellt sich in der Hauptverhandlung heraus, daß der Vorwurf, der den Täter trifft, schwerwiegender ist als zu-

nächst angenommen oder liegen andere zusätzlich belastende Umstände vor, dann kann das Gericht im Gegensatz zu dem schriftlichen Beschlußverfahren zum Nachteil des Betroffenen von der ehemaligen Entscheidung im Bußgeldbescheid abweichen. Natürlich kann es auch zugunsten des Betroffenen die Entscheidung abändern.
Das Gericht muß nicht in jedem Fall, wenn die Schuld des Betroffenen in der Hauptverhandlung festgestellt wurde, eine Verurteilung aussprechen. Es kann das Verfahren auch gemäß § 47 OWiG einstellen, selbst wenn zuvor die Voraussetzungen für eine Einstellung von der Bußgeldbehörde nicht als gegeben erachtet wurden. Eine derartige Einstellung durch das Gericht kann in Betracht kommen, wenn z. B. der Verkehrsverstoß keine Bedeutung hat, wenn eine Gefährdung oder Behinderung ausgeschlossen war oder wenn eine Vorschrift erst kurze Zeit in Kraft ist und der Verkehrsteilnehmer sie noch nicht kannte.
Von der Zahlung einer Geldbuße darf die Einstellung des Verfahrens nicht abhängig gemacht werden.
Ein Rechtsanspruch auf Verfahrenseinstellung besteht nicht, sie ist also nicht erzwingbar; sie steht im pflichtgemäßen Ermessen des Gerichts.
Wird eingestellt, dann werden die Verfahrenskosten von der Staatskasse getragen. Meistens muß der Betroffene dann seine notwendigen Auslagen (z. B. Fahrtkosten zum Gericht, eigene Anwaltskosten) selbst tragen.
Gegen die Einstellung des Verfahrens kann man sich nicht wehren.

Rechtsmittel gegen die richterliche Entscheidung/ Rechtsbeschwerde

Eine Berufung, also eine nochmalige Überprüfung aller Tatsachen, gibt es nicht.
Gegen ein richterliches Urteil oder gegen einen schriftlichen Beschluß, durch den verurteilt wird, ist gemäß § 72 OWiG nur das Rechtsmittel der Rechtsbeschwerde zulässig, und zwar auch nur dann, wenn eine Geldbuße von mehr als DM 200,– verhängt wurde, wenn eine Nebenfolge (z. B. Fahrverbot) angeordnet wurde oder wenn ein schriftlicher Beschluß nach § 72 OWiG trotz rechtzeitigen Widerspruchs des Betroffenen ergangen ist – von einigen anderen unwesentlichen Fällen abgesehen.
Mit der Rechtsbeschwerde können nur Verfahrensfehler oder Gesetzesverstöße gerügt werden.
Ansonsten ist die Rechtsbeschwerde nur zulässig, wenn sie gemäß § 80 OWiG auf einen entsprechenden Antrag hin ausdrücklich zugelassen worden ist. Eine derartige Zulassung, die durch das zuständige Oberlandesgericht erfolgt, ist außerordentlich selten: Sie kann nur erfolgen zur Fortbildung des Rechts (z. B. wenn Zweifel bestehen, ob eine Verkehrsvorschrift gültig ist), zur Sicherung einer einheitlichen Rechtsprechung (z. B. wenn die Besorgnis besteht, daß ein Richter

von einer gefestigten Rechtsprechung grundsätzlich abweicht) oder wenn das rechtliche Gehör versagt worden ist (z. B. wenn dem Betroffenen keinerlei Gelegenheit zur Äußerung gegeben wurde).
Die Frist zur Einlegung der Rechtsbeschwerde beträgt gemäß § 79 OWiG eine Woche. Die Frist beginnt mit der Verkündung des Urteils, bei Abwesenheit des Betroffenen mit der Zustellung der richterlichen Entscheidung. Das Gleiche gilt für den Antrag auf Zulassung der Rechtsbeschwerde.
Die Rechtsbeschwerde muß auf jeden Fall begründet werden, für die Formulierung der Beschwerdeanträge und deren Begründung gibt es eine Frist von einem Monat. Sie beginnt mit dem Ablauf der Beschwerdeeinlegungsfrist; wenn bis zu diesem Zeitpunkt die Entscheidungsgründe noch nicht zugestellt sind, dann läuft die Frist erst ab Zustellung.

Was passiert, wenn eine Rechtsmittelfrist versäumt wird?

Wird die Frist zur Einlegung eines Rechtsmittels versäumt, so gibt es gemäß §§ 52 und 46 OWiG die Möglichkeit, die sogenannte Wiedereinsetzung in den vorigen Stand zu beantragen. Sie kommt insbesondere in Betracht bei der Versäumung der Einspruchsfrist gegen den Bußgeldbescheid und der Versäumung der Frist zur Einlegung der Rechtsbeschwerde.

Voraussetzungen für die Wiedereinsetzung

Voraussetzungen für die Gewährung der Wiedereinsetzung in den vorigen Stand sind:

- ›unverschuldetes Versäumnis‹ (z. B. nicht voraussehbare Erkrankung, Urlaubsabwesenheit; wenn bei Urlaubsantritt vorherige Kenntnis über die Einleitung des Verfahrens besteht, allerdings nicht immer)
- Glaubhaftmachen der Tatsachen, die zur Verhinderung der rechtzeitigen Rechtsmitteleinlegung führten (z. B. eidesstattliche Erklärung eines Zeugen, ärztliches Attest)
- ein entsprechender Antrag (dieser muß Angaben enthalten über die versäumte Frist und über die Gründe, die zur nicht rechtzeitigen Rechtsmitteleinlegung führten sowie über den Zeitpunkt des Wegfalls dieses Hindernisses).

Der Antrag ist innerhalb einer Woche nach Wegfall des Hindernisses zu stellen, das zur Versäumung der Frist führte. Zuständig für eine Entscheidung ist bei Versäumung der Einspruchsfrist gegen den Bußgeldbescheid die Bußgeldbehörde, ansonsten das Amtsgericht, bei dem die Frist wahrzunehmen gewesen wäre.

Wichtig: Gleichzeitig ist auch das zunächst versäumte Rechtsmittel nachzuholen.

Verjährung

Für Verkehrsordnungswidrigkeiten gilt gem. § 26 Abs. 3 StVG eine Verjährungsfrist von grundsätzlich drei Monaten. Diese Dreimonatsfrist gilt allerdings nur, so lange wegen des Verkehrsverstoßes weder ein Bußgeldbescheid ergangen noch öffentliche Klage erhoben ist. Von diesem Zeitpunkt an beträgt die Verjährungsfrist sechs Monate. Die Verjährung beginnt mit dem Tag der Begehung des Verkehrsverstoßes. Es ist allerdings zu beachten, daß es gemäß § 33 OWiG zahlreiche Handlungen gibt, die die Verjährung unterbrechen (z. B. erste Vernehmung des Betroffenen, Versendung des Anhörungsbogens, Beauftragung eines Sachverständigen, Unterzeichnung des Bußgeldbescheides).
Nach jeder Unterbrechungshandlung beginnt die Verjährung von drei bzw. sechs Monaten von neuem.

Strafverfahren wegen Vergehen im Straßenverkehr

Ablauf und Rechtsmittel

Ist nicht nur ein einfacher Verstoß gegen Vorschriften der StVO oder der StVZO begangen, sondern werden Tatbestände des Strafgesetzbuches oder anderer Gesetze erfüllt, dann wird kein Ordnungswidrigkeitenverfahren sondern ein Strafverfahren eingeleitet.
Die Staatsanwaltschaft übernimmt die Ermittlungen. Bieten diese keinen genügenden Anlaß zur Erhebung der öffentlichen Klage, wird das Verfahren gemäß § 170 Abs. 2 StPO eingestellt. Die Staatsanwaltschaft kann auch wegen Geringfügigkeit das Verfahren einstellen, wenn keine allzu schwere Schuld des Täters und kein öffentliches Interesse an der Verfolgung besteht (§ 153 StPO). In derartigen Fällen kann die Einstellung des Verfahrens nach § 153a StPO auch abhängig gemacht werden von der Wiedergutmachung des durch die Tat verursachten Schadens durch den Beschuldigten oder von der Zahlung einer Geldsumme zugunsten einer gemeinnützigen Einrichtung oder zugunsten der Staatskasse.
Erfolgt keine Einstellung, wird Anklage erhoben oder Erlaß eines Strafbefehls beim zuständigen Amtsgericht beantragt.
Gegen den Strafbefehl des Gerichts kann der Angeklagte gemäß § 410 StPO innerhalb von zwei Wochen nach Zustellung Einspruch einlegen. Dieser Einspruch kann auf bestimmte Beschwerdepunkte beschränkt werden. Nach Einlegung des Einspruchs wird, wenn das Gericht das Verfahren nicht aus besonderen Gründen einstellt, Hauptverhandlungstermin anberaumt, genauso wie nach Erhebung der Anklage durch die Staatsanwaltschaft. Nach Durchführung der Hauptverhandlung – auch hier ist Verfahrenseinstellung noch möglich – ergeht ein Urteil. Gegen dieses kann (bei Freispruch tut dies evtl. der Staatsanwalt) binnen einer Woche nach Verkündung gemäß § 314 StPO Berufung oder auch sogenannte Sprungrevision nach § 335 StPO eingelegt werden. Gegen ein Urteil der Berufungskammer beim zuständigen Landgericht kann gemäß § 333 StPO innerhalb von einer Woche nach Verkündung des Berufungsurteils noch einmal ein Rechtsmittel, nämlich die Revision, eingelegt werden. Das Revisionsgericht prüft nur, ob Gesetzesverletzungen vorliegen.

Hauptsächliche Vergehen, Führerscheinentzug, Fahrverbot

Hauptsächliche Vergehen im Straßenverkehr sind:

- Gefährdung des Straßenverkehrs durch Führen eines Fahrzeugs bei Fahrunsicherheit infolge Alkoholgenusses, Genusses anderer berauschender Mittel sowie infolge geistiger oder körperlicher Mängel (§ 315c StGB)

- Gefährdung des Straßenverkehrs durch grob verkehrswidriges und rücksichtsloses Verhalten (§ 315c StGB: besonders schwerwiegende Fälle der Vorfahrtsmißachtung, des Falschfahrens beim Überholen und an Fußgängerüberwegen, des zu schnellen Fahrens an besonders gefährdeten und unübersichtlichen Stellen, der Mißachtung des Rechtsfahrgebots, des Wendens, Rückwärtsfahrens, des Fahrens entgegen der Fahrtrichtung auf Autobahnen, der Nichtkenntlichmachung haltender oder liegengebliebener Fahrzeuge)
- Führen eines Fahrzeugs bei Fahrunsicherheit infolge Genusses von Alkohol oder anderer berauschender Mittel (§ 316 StGB)
- Vollrausch (§ 323a StGB)

Bei diesen Straßenverkehrsvergehen kommt in der Regel der Entzug der Fahrerlaubnis gemäß § 69 StGB in Betracht. Der erteilte Führerschein wird dann eingezogen; nach Ablauf der gerichtlich festgesetzten Sperrfrist muß eine neue Fahrerlaubnis beantragt werden.
Weitere häufige Gesetzesverstöße im Straßenverkehr sind:

- unerlaubtes Entfernen vom Unfallort (§ 142 StGB)
- Führen oder Anordnen oder Zulassen des Führens eines Kraftfahrzeugs ohne Fahrerlaubnis (§ 21 StVG)
- Kennzeichenmißbrauch (§ 22 StVG)
- Gebrauch oder Gestatten des Gebrauchs unversicherter Kraftfahrzeuge oder Anhänger (§ 9 AuslPflVG und § 6 PflVG)
- unbefugter Gebrauch von Kraftfahrzeugen (§ 248b StGB)
- Nötigung (§ 240 StGB)
- gefährlicher Eingriff in den Straßenverkehr (§ 315b StGB)
- unterlassene Hilfeleistung (§ 323c StGB)

Bei den vorgenannten Delikten kann ebenfalls ein Führerscheinentzug oder aber auch ein Fahrverbot in Betracht kommen. Ein strafrechtliches Fahrverbot (§ 44 StGB, 1 bis 3 Monate) kommt als Nebenstrafe in Frage, wenn die Entziehung der Fahrerlaubnis nicht unbedingt notwendig erscheint, aber ein zusätzlicher ›Denkzettel‹ angebracht ist, um den Kraftfahrer zu beeindrucken. Beim Vergehen der Unfallflucht gemäß § 142 StGB wird in der Regel ein Führerscheinentzug dann verhängt, wenn der Täter weiß oder wissen kann, daß bei dem Unfall ein Mensch getötet oder erheblich verletzt worden ist oder daß an fremden Sachen bedeutender Schaden (Grenze etwa 1200,– bis 1500,– DM) entstanden ist.
Weitere Verkehrsstraftaten sind die fahrlässige Körperverletzung gemäß § 230 StGB und die fahrlässige Tötung gemäß § 222 StGB.
Für alle diese Verkehrsstraftaten gibt es Punkte in der Verkehrssünderkartei in Flensburg.

Bei so schwerwiegenden Vergehen, die immer weitreichende Folgen haben, empfiehlt es sich dringend, einen Rechtsanwalt einzuschalten. ADAC-Mitglieder erhalten auf Kosten des Clubs Rechtsberatung. Nähere Informationen geben die Gau-Geschäftsstellen oder die Juristische Zentrale des ADAC, siehe Seite 124.

Der Führerschein

Einführung

Jeder, der auf einer öffentlichen Straße ein durch Motor angetriebenes Fahrzeug führen will, bedarf hierzu einer Fahrerlaubnis. Öffentliche Straßen sind nicht nur die Fahrbahnen, sondern alle Verkehrsflächen, die der Öffentlichkeit zur Verfügung stehen, also auch Radwege und Parkplätze.
Wer eine solche Fahrerlaubnis beantragt, hat einen Rechtsanspruch darauf.
Der Führerscheinbewerber muß verschiedene Voraussetzungen erfüllen, die alle in der Straßenverkehrs-Zulassungs-Ordnung aufgezählt sind. Vor Erteilung der Fahrerlaubnis ermittelt die Behörde, ob Bedenken gegen die körperliche oder geistige Eignung zum Führen von Kraftfahrzeugen vorhanden sind, z. B. Neigung zum Trunk, Rauschgiftsucht oder schwere körperliche Gebrechen. Die Behörde ist nicht berechtigt, den Antragsteller über ihr unbekannte Tatsachen oder Gebrechen zu befragen.
Die Erteilung der Fahrerlaubnis erfolgt durch Aushändigung des Führerscheins. Der Führerschein ist beim Führen von Kraftfahrzeugen mitzuführen und zuständigen Personen auf Verlangen zur Prüfung auszuhändigen, d. h. dem Kontrollierenden in die Hand geben.
Fahrerlaubnis- und führerscheinfrei sind:

- Krankenfahrstühle mit bauartbestimmter Höchstgeschwindigkeit bis zu 10 km/h
- einachsige, von Fußgängern an Holmen geführte Zug- oder Arbeitsmaschinen
- Kraftfahrzeuge mit bauartbestimmter Höchstgeschwindigkeit von nicht mehr als 6 km/h

Mofa-Prüfbescheinigung

Wer auf öffentlichen Straßen ein Mofa (auch Leichtmofa) fährt, bedarf einer Mofa-Prüfbescheinigung. Diese ist beim Führen eines Mofas mitzuführen. Obwohl sie sehr amtlich aussieht, ist sie kein Führerschein, kann also auch nicht entzogen werden.
Mofas sind einspurige, einsitzige Fahrräder mit Hilfsmotor, deren Bauart Gewähr dafür bietet, daß die Höchstgeschwindigkeit nicht mehr als 25 km/h beträgt. Die Drehzahl des Motors darf nicht mehr als 4800 Umdrehungen pro Minute betragen. Ein Kindersitz für die Mitnahme von Kindern unter 7 Jahren darf angebracht sein; wer 16 Jahre und älter ist, darf ein Kind mitnehmen.

Die Prüfbescheinigung wird auf Antrag erteilt, wenn der mindestens 15 Jahre alte Bewerber eine Bescheinigung vorlegt, aus der hervorgeht, daß er an einer Ausbildung teilgenommen hat.
Keine Mofa-Prüfbescheinigung benötigt, wer eine gültige Fahrerlaubnis hat. Wer vor dem 1. 4. 1965 geboren ist, braucht ebenfalls keine Mofa-Prüfbescheinigung. Wollen die später Geborenen ein Mofa fahren, obwohl ihnen die Fahrerlaubnis entzogen wurde, müssen sie eine Mofa-Prüfbescheinigung besitzen.

Führerschein auf Probe

Wer einen Führerschein der Klassen 1 bis 3 erstmalig erwirbt, erhält diese Fahrerlaubnis nur auf Probe. Keine Fahrerlaubnis auf Probe ist erforderlich bei Erweiterung einer bereits erteilten Fahrerlaubnis von Klasse 1a auf Klasse 1.

Ist dies ein Führerschein zweiter Klasse?

Nein, die Fahrerlaubnis ist voll gültig. Wenn der Inhaber des Probeführerscheins nicht durch Verkehrsverstöße auffällt, so gilt seine Fahrerlaubnis nach Ablauf der zweijährigen Probezeit – ohne Umschreibung oder Prüfung – als endgültig erteilt. Im Führerschein wird dazu nichts Neues vermerkt.
Keine Probezeit gibt es bei den Führerscheinklassen 4 und 5, ferner bei nicht erstmaliger Erteilung der Fahrerlaubnis. Die Probezeit beginnt mit der Aushändigung des Führerscheins.

Womit muß der Führerscheinneuling in der Probezeit rechnen?

Der Fahranfänger unterliegt zwei Jahre lang einer besonderen Bewährungskontrolle. Das Gesetz sieht bei Nichtbewährung innerhalb der Probezeit abgestufte Maßnahmen vor, nämlich die Teilnahme an einem Nachschulungskurs und die Wiederholung der Fahrerlaubnisprüfung. Unabhängig hiervon kann auch die Beibringung eines medizinisch-psychologischen Eignungsgutachtens angeordnet werden, wenn Anlaß zu der Annahme besteht, daß der Fahrerlaubnisinhaber ungeeignet zum Führen eines Kraftfahrzeugs ist.

Wer kontrolliert?

Das Kraftfahrt-Bundesamt in Flensburg, dort ist auch die Verkehrssünderkartei zu Hause, führt für die Dauer der zweijährigen Probezeit zuzüglich eines weiteren Jahres ein spezielles Register und informiert die Fahrerlaubnisbehörde, wenn eine Entscheidung eingetragen wird, die zu den oben erwähnten Maßnahmen führen kann.

Welche Verkehrssünden zählen?

Alle Verkehrsdelikte, die zu Flensburg-Punkten (DM 80,– Bußgeld oder mehr), zu einem Fahrverbot oder zum Führerscheinentzug führen. Ferner alle strafrechtlichen Verurteilungen im Zusammenhang mit der Teilnahme am Straßenverkehr. Die Delikte sind in zwei Gruppen eingeteilt:

A – besonders schwerwiegende Verkehrsverstöße
B – leichtere Verstöße

Welche Maßnahmen ergriffen werden, kann man der Zusammenstellung entnehmen (Seite 32).

Was zählt nach Abschnitt A?

1. Straftaten nach dem Strafgesetzbuch:
   fahrlässige Körperverletzung und Tötung, Unfallflucht, Nötigung, Trunkenheitsfahrt, Gefährdung des Straßenverkehrs oder gefährlicher Eingriff in den Straßenverkehr, unterlassene Hilfeleistung
2. Straftaten nach dem Straßenverkehrsgesetz:
   Fahren oder Gestatten des Fahrens mit einem Kfz ohne Fahrerlaubnis trotz Fahrverbots, Verwahrung, Sicherstellung oder Beschlagnahme des Führerscheins; Fahren mit mehr als 0,8‰ Blutalkohol
3. Straftaten nach den Pflichtversicherungsgesetzen, Fahren mit nicht versichertem Kfz oder Anhänger
4. Ordnungswidrigkeiten nach der Straßenverkehrsordnung:
   wenn ein Bußgeld von DM 80,– oder mehr verhängt wird und ein Verstoß gegen das Rechtsfahrgebot, die erlaubte Geschwindigkeit, den Abstand, das Überholen, die Vorfahrt, die Autobahnbenutzung, das Verhalten am Bahnübergang, das Verhalten an Fußgängerüberwegen, das Verhalten an Ampelanlagen, bei Haltzeichen von Polizeibeamten oder am Stoppschild vorliegt
5. Ordnungswidrigkeiten nach der Straßenverkehrs-Zulassungs-Ordnung, wenn ein Bußgeld von DM 80,– oder mehr verhängt wird und der Vorwurf das Fahren oder Gestatten des Fahrens eines Kfz ohne Zulassung oder Betriebserlaubnis ist
6. Fahrlässige Körperverletzung oder Tötung zählt nur dann als Delikt nach Abschnitt A, wenn der zugrundeliegende Verstoß gegen die Straßenverkehrsordnung oder Straßenverkehrs-Zulassungs-Ordnung ebenfalls in Abschnitt A aufgeführt ist

Was zählt nach Abschnitt B?

1. Straftaten nach dem Strafgesetzbuch:
   fahrlässige Körperverletzung und Tötung, wenn nicht schon unter

A gezählt. Sonstige, nicht in Abschnitt A aufgeführte Straftaten im Zusammenhang mit dem Straßenverkehr

2. Straftaten nach dem Straßenverkehrsgesetz: Kennzeichenmißbrauch

3. Ordnungswidrigkeiten nach Straßenverkehrsordnung und Straßenverkehrs-Zulassungs-Ordnung, wenn ein Bußgeld von DM 80,– oder mehr verhängt wird und der Verstoß nicht schon in Abschnitt A erfaßt ist

Das droht bei Sünden in der Probezeit,
aber daneben kommen weitere Maßnahmen durch Behörde oder Gericht in Frage, wenn die Geeignetheit zum Führen eines Kfz angezweifelt wird.

Delikt		Flensburg-Punkte	Nachschulung	erneute Prüfung	MPU	Entzug der Fahrerlaubnis
Ordnungswidrigkeit (auch mehrere) unter DM 80,–		nein	nein	nein	nein	nein
Delikte nach Abschnitt A	1. Mal	ja	ja	nein	nein	nein
	2. Mal	ja	nein	ja	nein	nein
Delikte nach Abschnitt B	1. Mal	ja	nein	nein	nein	nein
	2. Mal	ja	ja	nein	nein	nein
	3. Mal	ja	nein	nein	nein	nein
	4. Mal	ja	nein	ja	nein	nein
Nachschulung/Prüfung nicht fristgerecht absolviert oder zweimal erneute Prüfung nicht bestanden		nein	nein	nein	nein	ja
neue Fahrerlaubnis nach Entzug: 1 Verstoß nach Abschnitt A bzw. 2 Verstöße nach Abschnitt B		ja	nein	nein	in der Regel	nein

Ab wann zählen die Verstöße?

Maßgebend ist der Tag der Tat. Der Verstoß muß jedoch rechtskräftig festgestellt werden, bevor eine Maßnahme schriftlich angeordnet werden kann.

Was ist Nachschulung?

Hier handelt es sich um eine Art Verkehrsunterricht mit Gruppendiskussion.

Einen besonderen Nachschulungskurs gibt es für alkoholauffällige Fahranfänger.
Wer an einer Nachschulung teilnehmen muß, sollte bei der Führerscheinstelle frühzeitig nach Veranstaltern und Zeiten für den angeordneten Kurs, den der Kursteilnehmer bezahlen muß, nachfragen. Die Kosten sind nicht einheitlich, sie belaufen sich auf ca. DM 500,–.

Wiederholung der Fahrprüfung

Wird diese verlangt, werden sowohl Theorie als auch Praxis für die erteilten Klassen erneut geprüft.

Was heißt medizinisch-psychologische Untersuchung?

Diese wird von der Verwaltungsbehörde angeordnet, wenn der Verdacht besteht, daß der Betroffene zum Autofahren nicht oder nur bedingt geeignet ist.

Wie kann man sich wehren?

Wichtig ist, daß bereits gegen den Bußgeldbescheid oder die Gerichtsentscheidung ein Rechtsbehelf eingelegt wird. Wenn eine Entscheidung rechtskräftig geworden ist, wird von deren Richtigkeit ausgegangen.
Gegen die Anordnung von Nachschulung oder erneuter Prüfung ist Widerspruch und danach Klage vor dem Verwaltungsgericht möglich.
Aber Achtung:
Mit diesen Rechtsbehelfen muß man zusätzlich die Aussetzung der sofortigen Vollziehung beantragen, damit die Chance besteht, Aufschub überhaupt zu erreichen. Gegen den Entzug der Fahrerlaubnis sind Widerspruch und danach Klage vor dem Verwaltungsgericht möglich. Ohne den Rat oder die Hilfe eines erfahrenen Rechtsanwalts sollte man nichts unternehmen.
ADAC-Mitglieder erhalten eine für sie kostenlose Rechtsauskunft. Näheres ist bei den ADAC-Geschäftsstellen oder der Juristischen Zentrale des ADAC zu erfahren, siehe Seite 124.

Die einzelnen Führerscheinklassen

Fahrerlaubnisklasse 1

Sie berechtigt zum Führen von allen Krafträdern mit unbegrenzter Leistung, Zweiräder auch mit Beiwagen (dreirädrige Fahrzeuge sind Kraftwagen, auch wenn sie wie ein Kraftrad gesteuert werden). Sie berechtigt auch zum Führen von Fahrzeugen der Klassen 1a, 1b, 4 und 5. Mindestalter 20 Jahre. Die Fahrerlaubnis wird nur erteilt, wenn der Bewerber mindestens zwei Jahre die Fahrerlaubnis der Klasse 1a besitzt.

Fahrerlaubnisklasse 1a

Sie gilt für Krafträder, Zweiräder, auch mit Beiwagen, mit einer Motorleistung von nicht mehr als 20 kW (27 PS). Damit nicht besonders leichte und dafür sehr schnelle Maschinen gebaut werden, ist noch ein Mindestleergewicht von 7 kg pro Kilowatt vorgeschrieben. Sie berechtigt zum Führen von Fahrzeugen der Klassen 1b, 4 und 5. Mindestalter 18 Jahre.

Fahrerlaubnisklasse 1b

Sie berechtigt zum Führen von ›Leichtkrafträdern‹. Das sind Krafträder mit einem Hubraum von mehr als 50 ccm und nicht mehr als 80 ccm und einer durch die Bauart bestimmten Höchstgeschwindigkeit von nicht mehr als 80 km/h. Auch Leichtkrafträder mit einem Hubraum von nicht mehr als 50 ccm und einer Höchstgeschwindigkeit von mehr als 40 km/h dürfen damit gefahren werden, wenn diese Leichtkrafträder bis zum 31. 12. 1983 erstmals in den Verkehr gekommen sind. Sie berechtigt zum Führen von Fahrzeugen der Klassen 4 und 5. Mindestalter 16 Jahre.

Fahrerlaubnisklasse 2

Sie berechtigt zum Führen von Kraftfahrzeugen, deren zulässiges Gesamtgewicht (einschließlich eines aufgesattelten Anhängers) mehr als 7,5 t beträgt und von Zügen mit mehr als 3 Achsen, ohne Rücksicht auf die Klasse des ziehenden Fahrzeugs (Achsen, die weniger als 1 m voneinander entfernt sind, gelten als eine Achse). Sie berechtigt zum Führen von Fahrzeugen der Klassen 3, 4 und 5. Mindestalter 21 Jahre. Die Vorlage einer ärztlichen Bescheinigung über den Gesundheitszustand und der Nachweis über Ausbildung in Erster Hilfe ist vorgeschrieben.

Fahrerlaubnisklasse 3

Sie ist typisch für Personenkraftwagen und berechtigt zum Führen von Kraftfahrzeugen bis 7,5 t zulässigem Gesamtgewicht. Anhänger mit einer Achse dürfen geführt werden (Achsen, die weniger als 1 m voneinander entfernt sind, gelten als eine Achse). Sie berechtigt auch zum Führen von Fahrzeugen der Klassen 4 und 5. Mindestalter 18 Jahre.

Fahrerlaubnisklasse 4

Diese Fahrerlaubnis ist typisch für Mokick und Moped. Sie berechtigt zum Führen von Kleinkrafträdern und Fahrrädern mit Hilfsmotor mit einer durch die Bauart bestimmten Höchstgeschwindigkeit von nicht mehr als 50 km/h und maximal 50 ccm Hubraum. Sie berechtigt auch zum Führen von Kraftfahrzeugen der Klasse 5. Mindestalter 16 Jahre.

Fahrerlaubnisklasse 5

Sie berechtigt zum Führen von Zug- oder Arbeitsmaschinen mit einer bauartbestimmten Höchstgeschwindigkeit von nicht mehr als 25 km/h (bei Zugmaschinen ausnahmsweise: von nicht mehr als 32 km/h), von Krankenfahrstühlen mit maxim. 2 Sitzen, 300 kg Leergewicht und 30 km/h bauartbestimmter Höchstgeschwindigkeit. Vor dem 1. 1. 1989 ausgestellte Fahrerlaubnisse haben einen größeren Umfang.

Fahrerlaubnis zur Fahrgastbeförderung

Diese Fahrerlaubnis ist notwendig zum Führen von Kraftomnibussen (= Fahrzeuge mit mehr als 8 Fahrgastplätzen), Taxen, Mietwagen, Krankenkraftwagen oder Pkw, mit denen Ausflugsfahrten oder Ferienzielreisen durchgeführt werden. Sie ist eine zusätzliche Fahrerlaubnis, die den Führerschein der Klasse 3 oder 2 voraussetzt. Sie wird für eine Dauer von nicht mehr als drei Jahren erteilt; besondere Voraussetzungen werden gefordert (§ 15e StVZO).

Führerscheinprüfung

Die Führerscheinprüfung besteht aus der Fahrerlaubnisprüfung für die jeweils beantragte Klasse, und zwar aus einer theoretischen Prüfung und einer praktischen Fahrprüfung. Für die Führerscheinklasse 5 ist nur eine theoretische Prüfung notwendig.
Nach Ende der Prüfung erfährt der Bewerber, ob er bestanden hat. Die theoretische Prüfung darf nicht früher als drei Monate vor Erreichen des Mindestalters abgenommen werden. Die Anzahl der zu beantwortenden Fragen richtet sich nach der beantragten Fahrerlaubnisklasse. Bei Fragen mit vorgedruckten Antworten sind die jeweils richtigen Antworten anzukreuzen.
Für alle Fahrerlaubnisklassen, Ausnahme Klasse 5, ist die Ablegung einer praktischen Fahrprüfung vorgeschrieben. Sie darf erst nach Bestehen der theoretischen Fahrprüfung abgelegt werden. Vor Durchführung der praktischen Prüfung hat der Prüfling dem Prüfer eine vom Fahrlehrer ausgestellte Ausbildungsbescheinigung vorzulegen, aus der u. a. die Stundenzahl der vorgeschriebenen und durch-

geführten Ausbildungsfahrten sowie des theoretischen Unterrichts hervorgeht. Hat der Bewerber die Prüfung nicht bestanden, so darf er sie 14 Tage später wiederholen. Eine mehrmalige Wiederholung ist zulässig.
Wird die praktische Fahrprüfung bestanden, so händigt der Prüfer den bereits vorbereiteten Führerschein aus.

Wie kann man sich wehren, wenn man durchgefallen ist?

Wenn man glaubt, daß der Prüfer falsch entschieden hat, kann man eine schriftliche Dienstaufsichtsbeschwerde an die zuständige Technische Prüfstelle für den Kraftfahrzeugverkehr senden, mit der Bitte um Überprüfung der Entscheidung.
Man kann Widerspruch bei der Verwaltungsbehörde erst gegen die formelle Versagung der Fahrerlaubnis einlegen und, wenn diesem nicht abgeholfen wird, beim Verwaltungsgericht Klage gegen die Versagung der Fahrerlaubnis erheben.
Zur Prüfung der Gesamtsituation ist der Rat eines erfahrenen Anwalts nützlich.

Führerschein, europäisches Dokument?

Seit 1986 werden auch in Deutschland EG-einheitliche, rosafarbene Führerscheine ausgegeben. Sie sind aus synthetischem papierähnlichen Material und deswegen fälschungssicherer als die früheren Vordrucke. Die Fahrerlaubnisklassen sind mit ihrem Geltungsumfang im Führerschein beschrieben. Die Felder hinter den Beschreibungen der Klassen, für die die Fahrerlaubnis gilt, sind mit dem Dienstsiegel abgestempelt. Die übrigen Felder, für die also keine Fahrerlaubnis erteilt ist, sind sternförmig ausgestanzt.
Obwohl der Führerschein von außen den Eindruck einer ›europäischen Fahrerlaubnis‹ macht, handelt es sich nur um eine nationale Fahrerlaubnis. Das heißt, sie gilt im Ausland nur vorübergehend. Wer im Ausland seinen Wohnsitz nimmt, muß nach Ablauf von bestimmten Fristen seinen Führerschein in eine dortige Fahrerlaubnis umtauschen.
Wer seinen ›alten‹ Führerschein in den EG-einheitlichen umtauschen will, obwohl die ›grauen‹ Führerscheine weitergelten, kann dies bei der Fahrerlaubnisbehörde tun. Gebühr: DM 23,–.

Fahrerlaubnis für Automatikfahrzeuge

Wenn das bei der praktischen Prüfung verwendete Kraftfahrzeug mit automatischer Kraftübertragung ausgestattet war, wird die Fahrerlaubnis auf das Führen von Automatik-Kraftfahrzeugen beschränkt.

Wer mit einer solchen Fahrerlaubnis Fahrzeuge ohne Automatik fährt, macht sich wegen Fahrens ohne Fahrerlaubnis strafbar.
Man kann diese Beschränkung später aufheben lassen, wenn eine erneute praktische Prüfung auf einem Fahrzeug mit Schaltgetriebe abgelegt wird.

DDR-Fahrerlaubnis

DDR-Bürger, die keinen Wohnsitz im Bundesgebiet haben, dürfen mit ihrer DDR-Fahrerlaubnis im Bundesgebiet unbeschränkt Kraftfahrzeuge der entsprechenden Klassen führen, gleichgültig, wo diese Kraftfahrzeuge zugelassen sind.
Längstens für den Zeitraum von einem Jahr, vom Tage des Grenzübertritts an, gilt dies auch für Inhaber einer DDR-Fahrerlaubnis, die ihren Wohnsitz im Bundesgebiet nehmen. Sie bekommen auf Antrag hier eine Fahrerlaubnis unter wesentlich erleichterten Bedingungen.

Verlust des Führerscheins

Darf man ein Auto fahren, wenn der Führerschein verloren wurde? Eigentlich nicht! Wer ohne das vorgeschriebene Ausweispapier angetroffen wird, zahlt ein Verwarnungsgeld von DM 20,–. Strafbar ist dieses Verhalten allerdings nicht.
Was also ist zu tun? Umgehend bei der Behörde melden und sich eine Zwischenbescheinigung ausstellen lassen, mit der man vorläufig weiterfahren darf. Vor Ausstellung eines neuen Führerscheins wird der verlorengegangene für ungültig erklärt und dies wird im ›Bundesanzeiger‹ veröffentlicht; die Kosten gehen zu Lasten des Betroffenen.

Führerschein beim Abschleppen

Abschleppen bedeutet Abbefördern eines betriebsunfähigen Fahrzeugs zu einer nahen Werkstatt, zum Verschrotten oder auch in die eigene Garage. Der ›Abschlepper‹ benötigt nur die Fahrerlaubnis für sein ziehendes Fahrzeug. Der Fahrer des abgeschleppten Fahrzeugs benötigt keine Fahrerlaubnis, er muß aber ganz allgemein geeignet zum Lenken sein. Deswegen und wegen der beim Abschleppen auftretenden Gefahren, ist es sinnvoll, nur einen Führerscheininhaber mit dieser Aufgabe zu betrauen. Abschleppen ist aber immer nur ein Notbehelf und nur für kurze Strecken, wohl nie mehr als 50 km, statthaft. Ein Abschlepp-Gespann auf der Bundesautobahn muß bei der nächsten Ausfahrt die Autobahn verlassen.
Das Abschleppen von defekten Krafträdern ist verboten, weil es zu gefährlich ist.

Ausländischer Führerschein

Außerdeutsche Kraftfahrzeugführer dürfen nach § 4 der IntKfzVO vorübergehend im Bundesgebiet ein Kraftfahrzeug führen, wenn sie einen gültigen ausländischen Fahrausweis besitzen. Grundsätzlich ist allerdings die Geltung ausländischer Führerscheine davon abhängig, daß eine Übersetzung in deutscher Sprache mitgeführt wird. Diese Übersetzung wird u. a. vom ADAC gefertigt.
Nicht erforderlich ist eine Übersetzung, wenn es sich um folgende Führerscheine handelt:

- um einen Internationalen Führerschein
- um nationale Führerscheine, die in einem Mitgliedstaat der Europäischen Gemeinschaft ausgestellt worden sind
- um nationale Führerscheine, die dem Übereinkommen über den Straßenverkehr vom 8. 11. 1968 entsprechen
- um nationale, in einem ausländischen Staat ausgestellte Führerscheine, bei denen die Bundesrepublik Deutschland auf das Mitführen einer Übersetzung verzichtet. Solche Staaten sind Andorra, Finnland, Hongkong, Monaco, Neuseeland, Norwegen, Österreich, San Marino, Schweden, Schweiz, Senegal, Ungarn, Zypern.

Spätestens nach Ablauf von 12 Monaten seit Begründung des ständigen Aufenthalts gilt der ausländische Führerschein nicht mehr. Wer weiterfahren will, benötigt eine deutsche Fahrerlaubnis, die bei der für den deutschen Wohnsitz zuständigen Führerscheinstelle drei Jahre lang beantragt werden kann.
Ausländische Fahrausweise berechtigen in keinem Fall zur Teilnahme am Straßenverkehr in der Bundesrepublik und in West-Berlin, wenn es sich um Lernführerscheine handelt, solange im Inland die Fahrerlaubnis vorläufig entzogen worden ist oder aufgrund einer rechtskräftigen gerichtlichen Entscheidung keine Fahrerlaubnis erteilt werden darf oder wenn der Inhaber zum Zeitpunkt der Erteilung der ausländischen Erlaubnis seinen ständigen Aufenthalt im Inland hatte (vgl. hierzu § 4 Abs. 2 IntKfzVO).

Die Entziehung der Fahrerlaubnis

Die Fahrerlaubnis wird auf Lebenszeit erteilt. Aber: Sowohl der Strafrichter als auch die Verwaltungsbehörde können die Fahrerlaubnis entziehen. Nach Rechtskraft der Entscheidung darf der Betroffene keine führerscheinpflichtigen Kraftfahrzeuge mehr führen.

Entzug durch den Strafrichter

Wenn eine Verkehrsstraftat vorliegt, kann der Richter evtl. auch die Fahrerlaubnis durch Strafbefehl oder Urteil entziehen. Das ist keine Strafe, sondern eine Maßregel der Sicherung und Besserung, die den Zweck verfolgt, ungeeignete Kraftfahrer vom Verkehr auszuschließen. Ungeeignet ist, wer durch die Tat bewiesen hat, daß er nicht gewillt und fähig ist (auch charakterlich nicht), den besonderen Gefahren zu begegnen, die sich aus dem Führen von Kraftfahrzeugen für ihn und die Allgemeinheit ergeben.

Der Führerschein wird eingezogen, und erst nach einer gewissen Sperrfrist, die in Monaten oder Jahren angegeben wird, darf eine neue Fahrerlaubnis bei der Behörde beantragt werden. Mindestsperrfrist 6 Monate, höchstens 5 Jahre, ausnahmsweise für immer.

Vorläufige Entziehung der Fahrerlaubnis

Sind dringende Gründe für die Annahme vorhanden, daß die Fahrerlaubnis im Strafverfahren entzogen werden wird, so ist eine vorläufige Entziehung zulässig.
Gegen die vorläufige Entziehung kann Beschwerde eingelegt werden. Das ist aber nur sinnvoll, wenn wirklich gewichtige Gründe gegen die Entscheidung des Richters sprechen. **Anwaltschaftliche Beratung ist dringend zu empfehlen.**

Sperre für die Wiedererteilung der Fahrerlaubnis

Im Urteil oder Strafbefehl wird festgelegt, wie lange dem Betroffenen durch die Verwaltungsbehörde keine neue Fahrerlaubnis erteilt werden darf. Mit Rechtskraft der richterlichen Entscheidung erlischt die vorhandene Fahrerlaubnis. Es muß nach Ablauf der Führerscheinsperre eine neue Fahrerlaubnis beantragt werden.

Ausnahmen von der Sperre

Das Gericht kann von der Sperre gem. § 69a Abs. 2 StGB bestimmte Arten von Kraftfahrzeugen ausnehmen (auch bei der vorläufigen Entziehung). Besondere Umstände müssen allerdings vorliegen.
Praktische Bedeutung hat das für Landwirte, die beantragen können, daß bestimmte landwirtschaftliche Fahrzeuge von der Sperre ausgenommen werden. Hier kommt dann die Neuerteilung einer beschränkten Fahrerlaubnis der Klasse 5 in Frage.
Ausnahmen machen die Gerichte aber auch, allerdings in weit geringerem Umfang, bei Berufskraftfahrern. Wenn z. B. einem seit Jahren zuverlässigen Lkw- oder Busfahrer im privaten Bereich ein Alkoholdelikt vorgeworfen wird, so soll es nach Ansicht einiger Gerichte möglich sein, von der Fahrerlaubnissperre Lkw bzw. Omnibusse allgemein auszunehmen. Die überwiegende Rechtsprechung ist aber der Ansicht, daß charakterliche Mängel, wie sie sich beim alkoholisierten Kraftfahrer offenbaren, den Täter zum Führen von Kraftfahrzeugen generell ungeeignet erscheinen lassen, daß also für den Fahrer von Lkw und Omnibussen keine Ausnahmen gemacht werden können.

Abkürzung der Sperrfrist

Das Gericht kann auf Antrag die Sperrfrist für die Wiedererteilung der Fahrerlaubnis gem. § 69a Abs. 7 StGB verkürzen, wenn Grund zu der Annahme besteht, daß der Täter zum Führen von Kraftfahrzeugen nicht mehr ungeeignet ist. Voraussetzung ist jedoch, daß die Sperre mindestens 6 Monate (bei Wiederholungstätern ein Jahr) gedauert hat. Dazu müssen neue Tatsachen vorgetragen werden, die zum Zeitpunkt der Verurteilung noch nicht vorgelegen haben.
Solche neuen Tatsachen sind schwer zu finden. Eine in der Zwischenzeit erfolgte Nachschulung kann weiterhelfen, wenn eine Alkoholfahrt vorgelegen hat.

Was ist Nachschulung?

Die Nachschulungskurse vermitteln mehr Wissen über das Problem ›Alkohol und Fahren‹ und lehren Selbstbeobachtung und Selbstkontrolle. In Kleingruppen berichten die Teilnehmer über ihr Trink- und Fahrverhalten. Sie überlegen gemeinsam, wie es zu ihren Gewohnheiten gekommen ist und welche Folgen ihre Trunkenheitsfahrten hatten. Sie werden darüber informiert, wie der Alkohol auf den Menschen wirkt und wie er den Fahrer am Steuer seines Fahrzeugs verändert. Die Teilnehmer üben, wie sie künftig das unkontrollierte Trinken vermeiden können und wie sie der Überredung zum Mittrinken widerstehen können.
Diese Kurse dauern ca. 6 Doppelstunden. Die Schulungsfähigkeit

muß durch eine dem Kurs vorausgehende Untersuchung nachgewiesen werden. Alle, die regelmäßig und ordnungsgemäß an den Sitzungen teilgenommen und die gestellten Aufgaben erfüllt haben, erhalten eine Teilnahmebescheinigung; Preis ca. DM 600,–.
Näheres über Ort und Zeit dieser Kurse kann man bei der nächstgelegenen Geschäftsstelle des Technischen Überwachungsvereins oder bei der nächsten ADAC-Gaugeschäftsstelle erfahren.

Was ist mit Nachschulung zu erreichen?

Es ist empfehlenswert, sich spätestens nach der Verurteilung bei Gericht zu erkundigen, ob durch die Teilnahme an der ›Nachschulung für alkoholauffällige Kraftfahrer‹ eine Abkürzung der Sperrfrist erzielt werden kann. Besteht Hoffnung, daß dies erreicht wird, kann nach Besuch des Kurses unter Vorlage der Teilnahmebescheinigung Antrag auf Verkürzung der Sperrfrist gestellt werden. Man bedient sich dabei am besten der Hilfe eines Rechtsanwalts.
Viele Gerichte sind bereit, aufgrund der Teilnahme an einem solchen Kurs die Dauer der Sperrfrist abzukürzen.
Der Besuch eines Nachschulungskurses schon vor der Hauptverhandlung kann sich durchaus lohnen. Diese Initiative fließt positiv in die Urteilsfindung ein und führt oft zu einer kürzeren Sperrfrist.

Darf man trotz Entziehung mit ausländischem Fahrausweis fahren?

Es gibt keine legale Möglichkeit, während des Laufes der Sperrfrist in Deutschland mit einem ausländischen Führerschein Kraftfahrzeuge zu führen.

Gnadengesuche

Durch Gnadenakt kann die Folge einer rechtskräftigen, an sich nicht mehr anfechtbaren Entscheidung aufgehoben werden. Die Gnadenpraxis ist bei der Abkürzung oder Aufhebung von Sperrfristen für die Fahrerlaubniserteilung regelmäßig äußerst zurückhaltend. Als Gnadengrund für eine vorzeitige Aufhebung der Fahrerlaubnissperre können nur *außergewöhnliche Nachteile* für den Betroffenen in Betracht kommen.
Ein eventuelles Gnadengesuch wird zweckmäßigerweise bei der Staatsanwaltschaft zur Weiterleitung an die nach Landesrecht zuständige Behörde eingereicht.

Entzug der Fahrerlaubnis durch die Verwaltungsbehörde

Nicht nur das Strafgericht, auch die Verwaltungsbehörde kann die Fahrerlaubnis entziehen.

Wann darf die Verwaltungsbehörde entziehen?

Die Verwaltungsbehörde ist *verpflichtet*, die Fahrerlaubnis zu entziehen, wenn sich der Inhaber als ungeeignet zum Führen von Kraftfahrzeugen erweist, weil er körperliche, geistige oder charakterliche Mängel hat. Sie *darf* entziehen, wenn erwiesen ist, daß der Führerscheinbesitzer nicht in der Lage ist, ein Fahrzeug im Verkehr sicher zu führen. Dies kann auch der Fall sein, wenn erhebliche Verstöße gegen Verkehrsvorschriften vorliegen oder wenn zu befürchten ist, daß Verkehrsvorschriften nicht sorgfältig beachtet werden bzw. auf andere Verkehrsteilnehmer nicht genügend Rücksicht genommen wird.
Der Führerschein ist ferner bei demjenigen in Gefahr, der zur Begehung von anderen Straftaten sein Fahrzeug benutzt.

Wie wird Ungeeignetheit festgestellt?

Wenn die Führerscheinstelle von Mängeln eines Fahrerlaubnisinhabers erfährt, so muß sie Ermittlungen anstellen. In Frage kommen Mitteilungen von anderen Behörden, aber auch Berichte von Zeugen oder Angehörigen. Falls notwendig, verlangt die Behörde von dem Betroffenen die Vorlage eines amts- oder fachärztlichen Gutachtens oder des Gutachtens einer medizinisch-psychologischen Untersuchungsstelle oder des Gutachtens eines Führerscheinprüfers.
Auch wenn in Flensburg zu viele (18) Punkte eingetragen sind, prüft die Behörde unter Würdigung der Gesamtpersönlichkeit des Betroffenen und der Art und Schwere der eingetragenen Verkehrsverstöße, ob der Führerschein entzogen werden muß.

Wie soll sich der Führerscheininhaber verhalten?

Erhält der Führerscheininhaber von der Verwaltungsbehörde die Aufforderung zur Beibringung eines Gutachtens, so bleibt kaum etwas anderes übrig, als die geforderten Untersuchungen vornehmen zu lassen und die Gutachten beizubringen. Sie müssen bezahlt werden. Legt er das geforderte Gutachten nicht vor, dann kann die Behörde unterstellen, daß die vermuteten Mängel bestehen und dem Führerscheininhaber die Fahrerlaubnis entziehen.

Führerschein trotz Gesundheitsstörungen?

Der Beirat für Verkehrsmedizin beim Bundesverkehrsminister hat ein umfangreiches Gutachten ›Krankheit und Kraftverkehr‹ erstellt.
In diesem Gutachten ist ausführlich beschrieben, welche Untersuchungen notwendig sind und welche Voraussetzungen vorliegen müssen, damit trotz Krankheit ein Kraftfahrzeug geführt werden darf.

Was tut die Behörde nach Vorlage des Gutachtens?

Wenn der Führerscheininhaber das Gutachten (oder auch mehrere) vorlegt, muß die Behörde eine eigene Entscheidung treffen. Falls sich aus dem Gutachten ergibt, daß der Führerscheininhaber zum Führen von Kraftfahrzeugen ungeeignet ist, muß die Verwaltungsbehörde die Fahrerlaubnis entziehen.
Wenn körperliche oder andere Mängel bestehen, der Führerscheininhaber aber nicht völlig ungeeignet ist, sondern seine Mängel durch geeignete Maßnahmen ausgleichen kann, erteilt die Verwaltungsbehörde Auflagen. Diese werden in den Führerschein eingetragen (z. B. Tragen einer Brille).
Es kann aber auch angeordnet werden, sich in regelmäßigen Abständen ärztlich untersuchen zu lassen, eine bestimmte Fahrgeschwindigkeit nicht zu überschreiten, einen zusätzlichen Außenspiegel anzubringen sowie nur bei Tageslicht oder in einem fest umrissenen örtlichen Bereich zu fahren. Diese Auflagen müssen beachtet werden, es besteht sonst die Gefahr der Entziehung der Fahrerlaubnis.

Wie kann man sich wehren?

Gegen die Anordnung der Beibringung eines Gutachtens kann man sich nicht gerichtlich wehren. Es empfiehlt sich jedoch zu versuchen, die Verwaltungsbehörde umzustimmen. Gegen die endgültige Entscheidung, die Fahrerlaubnis zu entziehen, ist Widerspruch zur nächsthöheren Behörde zulässig. Wenn dieser keinen Erfolg hat, besteht die Möglichkeit der Klage vor dem Verwaltungsgericht.
Gleiches gilt für eine angeordnete Auflage.

Die Wiedererlangung der Fahrerlaubnis

Rückgabe des Führerscheins nach Fahrverbot

Wenn das vom Gericht ausgesprochene Fahrverbot abgelaufen ist, wird der Führerschein automatisch zurückgegeben.

Neuerteilung nach Entzug durch Strafgericht oder Verwaltungsbehörde

Mit der Entziehung der Fahrerlaubnis ist diese erloschen. Auch nach Ablauf einer gerichtlichen Sperrfrist erhält man nicht seinen alten Führerschein zurück. Eine neue Fahrerlaubnis muß bei der für den Wohnsitz zuständigen Führerscheinstelle beantragt werden.

Welche Vorschriften gelten bei der Neuerteilung?

Für eine Neuerteilung der Fahrerlaubnis gelten die Vorschriften für die Ersterteilung (§ 15c StVZO).
Der Antrag auf Wiedererteilung der Fahrerlaubnis sollte wegen der langen Bearbeitungszeit ca. 6 Wochen vor Ablauf der Sperrfrist eingereicht werden. Die notwendigen Unterlagen (Lichtbild, Sehtest, Bescheinigung über Unterweisung in Sofortmaßnahmen am Unfallort) müssen beigefügt sein.
Die Verwaltungsbehörde darf eine neue Fahrerlaubnis nur dann erteilen, wenn Gewähr dafür gegeben ist, daß die für die Entziehung maßgebenden Gründe nicht mehr fortbestehen. Dies wird geprüft.

Wann muß eine neue Prüfung abgelegt werden?

Wenn keine Tatsachen vorliegen, die darauf hinweisen, daß der Bewerber die notwendigen Kenntnisse nicht mehr hat, wird auf eine theoretische und praktische Prüfung verzichtet.
Wer seinen Führerschein länger als zwei Jahre nicht mehr hatte, muß eine neue theoretische und praktische Prüfung ablegen. Der Besuch einer Fahrschule ist dann notwendig.

Wann wird ein medizinisch-psychologisches Gutachten verlangt?

Ein solches Gutachten wird verlangt, wenn die Fahrerlaubnis wiederholt entzogen war, oder wenn der Bewerber mehrfach gegen ver-

kehrsrechtliche Vorschriften oder Strafgesetze verstoßen hat. Die Behörde kann ihre Entscheidung nicht ohne ein solches Gutachten fällen, es sei denn, die Nichteignung steht fest.
Auf alle Fälle sollte anläßlich der Anmeldung bei der Untersuchungsstelle vermerkt werden, daß die Aushändigung des Gutachtens an den Antragsteller (nicht an die Verwaltungsbehörde) gewünscht wird.
Wenn das Gutachten negativ ist, sollte es der Verwaltungsbehörde nicht vorgelegt werden. Der Antrag auf Wiedererteilung der Fahrerlaubnis wird dann zwar abgelehnt; in der Führerscheinakte liegt aber kein negatives Gutachten.
Auf die medizinisch-psychologische Untersuchung sollte man sich vorbereiten. Der ADAC hilft auch hier seinen Mitgliedern weiter.

Haben die ›Promille‹ Einfluß auf die Wiedererteilung?

Je mehr Promille bei der Fahrt, die zur Entziehung der Fahrerlaubnis geführt hat, festgestellt wurden, um so schwieriger wird die Wiedererteilung der Fahrerlaubnis. Die Behörde befürchtet dann nämlich, daß Alkoholgewöhnung oder Alkoholmißbrauch vorliegen und der Bewerber nicht zum Führen von Kraftfahrzeugen tauglich ist.
Bei erstmals alkoholauffälligen Kraftfahrern, die bei der Tat eine Blutalkoholkonzentration von 2‰ oder mehr hatten, wird die Vorlage eines MPU-Gutachtens gefordert.
Das gleiche gilt bei einer Blutalkoholkonzentration von 1,6‰ oder mehr, wenn sonstige Umstände den Verdacht auf überdurchschnittliche Alkoholgewöhnung nahelegen (z. B. Alkoholfahrt am Tag, Fahrt unauffällig über eine längere Strecke, bei der Verkehrskontrolle unauffällig verhalten, alkoholtypische Ausfallerscheinungen bei der Kontrolle oder bei der Blutabnahme lagen nicht vor).

Nützt die Nachschulung alkoholauffälliger Kraftfahrer?

Die bei der Entziehung der Fahrerlaubnis durch das Strafgericht beschriebene Nachschulung kann auch hier nützen. Wer eine Teilnahmebescheinigung über einen solchen Nachschulungskurs vorlegt, muß sich oft keiner medizinisch-psychologischen Untersuchung unterziehen. Manche Gutachten halten eine Nachschulung für notwendig, bevor die Eignung bejaht wird.
Es ist zu empfehlen, sich mit einem erfahrenen Rechtsanwalt, schon bald nach der Alkoholtat, zu beraten, um zu klären, welche Schritte zu unternehmen sind.

Die Flensburger Verkehrssünderkartei

Verurteilungen wegen Verkehrsdelikten werden auch in das Verkehrszentralregister in Flensburg, die sogenannte Verkehrssünderkartei, eingetragen.

Was wird eingetragen?

- Alle Maßnahmen der Verwaltungsbehörde, die Führerscheinentzug, Erteilung der Fahrerlaubnis nach vorangegangener Entziehung oder Versagung der Fahrerlaubnis zum Gegenstand haben.
- Alle rechtskräftigen Verurteilungen in Verkehrsstrafsachen. Alle Fahrverbote und Entziehungen (auch vorläufige nach § 111a StPO) der Fahrerlaubnis.
  Es spielt dabei keine Rolle, ob die Verurteilung in einer Verhandlung vor dem Strafrichter oder durch Strafbefehl ausgesprochen wurde, oder ob das Gericht von Strafe abgesehen hat, weil die Folgen der abgeurteilten Tat den Täter sehr schwer getroffen haben.
- Alle rechtskräftigen Bußgeldbescheide oder – nach Einspruch – Entscheidungen des Amtsrichters wegen Verkehrsordnungswidrigkeiten (§ 24 StVG), bei denen das Bußgeld ohne die Kosten des Verfahrens DM 80,– oder mehr beträgt und alle Bußgeldbescheide, bei denen ein Fahrverbot von ein bis drei Monaten verhängt wurde.

Was wird nicht eingetragen?

Nicht in die Verkehrssünderkartei eingetragen werden

- rechtskräftige Entscheidungen, wenn der zu zahlende Geldbetrag, ohne die Kosten des Verfahrens, unter DM 80,– liegt. Das sind insbesondere auch alle Verwarnungsgelder bis DM 75,–.
- Verstöße gegen Sozial- und Arbeitszeitvorschriften, z. B. gegen die Tageslenkzeiten.
- die Beschlüsse über die Einstellung von Strafverfahren, weil die Schuld des Betroffenen gering ist und er eine bestimmte Leistung, etwa Zahlung einer Geldbuße, erbracht hat (§ 153a StPO).

Wie wird bewertet?

Jeder Verstoß, der eingetragen ist, wird mit 1 bis 7 Punkten bewertet. Der Katalogteil (ab Seite 84) gibt Auskunft über die der einzelnen Tat zugeordnete Punktezahl. Die Punkte werden nach eingetragenen Entscheidungen von der Führerscheinbehörde vergeben.

Wann wird eingetragen?

Die Bußgeldentscheidungen und die Entscheidungen der Strafgerichte werden eingetragen, wenn sie rechtskräftig geworden sind. Das kann oft sehr lange nach dem Tag der Tat sein, z. B. wenn Rechtsmittel eingelegt werden.
Achtung:
Hier lohnt sich ein genaues Nachrechnen, denn für die Tilgung bereits eingetragener Entscheidungen kann es von Bedeutung sein, wenn eine neue Eintragung erst später in das Register kommt.

Wann wird gelöscht?

Die Eintragungen im Verkehrszentralregister bleiben nicht ewig. Sie werden nach Ablauf einer bestimmten Zeit wieder gelöscht, d. h. sie werden aus dem Verkehrszentralregister entfernt oder darin unkenntlich gemacht. Die Tilgungsfrist beträgt:

- *2 Jahre* bei allen Bußgeldentscheidungen, ohne Rücksicht auf die Höhe des Bußgeldes
- *5 Jahre* bei Verurteilungen in Verkehrsstrafsachen zu Geld- oder Freiheitsstrafe bis zu 3 Monaten
- *10 Jahre,* wenn die vom Gericht festgesetzte Freiheitsstrafe mehr als drei Monate beträgt.

Fristbeginn der Löschung

Bei Verkehrsordnungswidrigkeiten beginnt die Frist mit dem Tag der Rechtskraft des Bußgeldbescheides oder – nach Einspruch – mit dem Tag der Rechtskraft der Entscheidung des Amtsrichters.
Bei Verkehrsstrafsachen beginnt die Frist mit dem Tag des ersten Urteils und bei Strafbefehlen mit dem Tag der Unterzeichnung durch den Richter, eventuell also schon vor Rechtskraft der Entscheidung.

Was hemmt die Tilgung?

Bußgeldbescheide werden nach Ablauf von zwei Jahren gelöscht. Wird in diesem Zeitraum aber wieder eine Verkehrsordnungswidrigkeit im Verkehrszentralregister eingetragen, so erfolgt die Löschung aller eingetragenen Bußgeldbescheide erst zusammen mit der letzten Löschung.
Verkehrsstrafrechtliche Eintragungen hemmen die Tilgung aller anderen eingetragenen Strafen und Geldbußen. Solange die Strafe eingetragen ist, bleiben also auch Bußgeldbescheide stehen.
Eingetragene Bußgeldbescheide hemmen aber nicht die Tilgung eingetragener Strafen.
Solange die Erteilung einer neuen Fahrerlaubnis (nach deren Entzug) untersagt ist, bleiben sämtliche Eintragungen bestehen.

Aber:
Kein Bußgeldbescheid (außer denen wegen Überschreitung der 0,8‰-Grenze) bleibt länger als 5 Jahre eingetragen, gleichgültig, ob noch andere Eintragungen vorhanden sind.

Wieviele Punkte sind gesammelt?

Seinen Punktestand kann man sich anhand dieser Ausführungen selbst ausrechnen, wenn die ergangenen Entscheidungen bekannt sind.
Jeder hat die Möglichkeit, sich nach dem ihn betreffenden Inhalt der Verkehrssünderkartei zu erkundigen. Die kostenpflichtige Auskunft wird auf Antrag erteilt. Dem Antrag ist eine behördliche Identitätsbescheinigung (amtliche Beglaubigung der Unterschrift), die bei der Gemeinde, bei der Polizei oder ähnlichen Dienstsiegel führenden Stellen erhältlich ist, beizufügen. Damit ist sichergestellt, daß nur der Betroffene Auskunft erhält. Im Antrag sind alle Vornamen und das Geburtsdatum anzugeben.

Die Anfrage könnte lauten:

Kraftfahrt-Bundesamt
Verkehrszentralregister
Fördestr. 16
2390 Flensburg

Betr.: Auskunft aus dem Verkehrszentralregister für Franz-Heinrich Meier, geb. 8. 11. 1944 in A-Stadt, wohnhaft 0000 B-Stadt, C-Straße 7

Ich bitte um Auskunft über die mich betreffenden Eintragungen im Verkehrszentralregister.
Ein Scheck über DM 10,– ist hier beigefügt.

____
(Unterschrift)

Die Auskunft ist gebührenpflichtig. Man sollte einen Scheck über DM 10,– beifügen; die Zustellung per Nachnahme ist teurer.
Die Auskunft wird nicht fernmündlich erteilt.

Punktebewertung nach vorangegangener Entziehung der Fahrerlaubnis

Nach jeder Entziehung der Fahrerlaubnis wird der Punktestand auf Null gestellt. Das heißt, die vor der Entziehung liegenden Taten werden nicht mehr bewertet. Wird z. B. wegen eines Alkoholdelikts die Fahrerlaubnis entzogen, so wird diese Entscheidung zwar eingetragen, aber nicht mit Punkten bewertet. Nach jedem Entziehen der Fahrerlaubnis beginnt die Punktebewertung von neuem, also von Null.

Welche Folgen haben die Punkte?

Erreichen die Eintragungen des Betroffenen einen bestimmten Punktestand, so wird die zuständige Verwaltungsbehörde vom Verkehrszentralregister benachrichtigt, welche Eintragungen und wieviel Punkte der Betroffene hat. Diese Bepunktung ist nur vorläufig. Die endgültige und verbindliche Bepunktung wird von der örtlichen Führerscheinbehörde vorgenommen.

Maßnahmen der Verwaltungsbehörde nach Erreichen eines bestimmten Punktestandes

9 Punkte

Hat ein Betroffener 9 Punkte erreicht, so wird er schriftlich verwarnt und zu künftigem verkehrsgerechten Verhalten ermahnt, evtl. wird er zur Nachschulung aufgefordert (Seite 50, Punkte-Rabatt).

14 Punkte

Bei Erreichen von 14 Punkten wird geprüft, ob der Betroffene noch ausreichende Kenntnis der für den Führer eines Kraftfahrzeugs maßgebenden gesetzlichen Vorschriften besitzt und ob er mit den Gefahren des Straßenverkehrs und den zu ihrer Abwehr erforderlichen Verhaltensweisen vertraut ist. Dabei sollen die bei der Führerscheinprüfung zugelassenen Fragebogen verwendet werden (›Theoretische Prüfung‹).
Wenn Anlaß zu der Annahme besteht, daß der Betroffene sein Kfz nicht genügend beherrscht, so ist zusätzlich auch eine praktische Fahrprobe anzuordnen. Die Begutachtung muß spätestens innerhalb von zwei Monaten durchgeführt sein. Der Betroffene hat einen Monat Vorbereitungszeit. Bei negativem Ergebnis ist die Begutachtung innerhalb der gleichen Frist zu wiederholen. Bei unzureichendem Ergebnis wird die Fahrerlaubnis entzogen.
Es ist dringend zu raten, sich auf die theoretische Prüfung ordentlich vorzubereiten und den Unterricht einer Fahrschule zu besuchen. Zumindest müssen die amtlichen Fragebogen studiert werden, die im Fachhandel erhältlich sind. Ohne Vorbereitung besteht kaum eine Chance, die Prüfung zu bestehen.

18 Punkte innerhalb von zwei Jahren

Erreicht der Betroffene innerhalb von zwei Jahren 18 Punkte, so wird die Fahrerlaubnis entzogen. Regelmäßig wird vorher die Einholung eines Gutachtens der medizinisch-psychologischen Untersuchungsstelle angeordnet. Hält danach die Verwaltungsbehörde den Betroffenen für ungeeignet, so wird die Fahrerlaubnis entzogen.

18 Punkte nach Ablauf von zwei Jahren

Hier wird ebenfalls die Beibringung eines Gutachtens der MPU angeordnet. Hält die Verwaltungsbehörde danach den Betroffenen für ungeeignet, so wird die Fahrerlaubnis entzogen.

9 Punkte nach Neuerteilung der zuvor entzogenen Fahrerlaubnis

Ergeben sich 9 Punkte innerhalb von zwei Jahren nach Neuerteilung der Fahrerlaubnis (wenn also dem Betroffenen die Fahrerlaubnis entzogen war und neu erteilt wurde), so wird ebenfalls die Beibringung eines Gutachtens der MPU angeordnet. Bei Nichteignung ist die Fahrerlaubnis zu entziehen.

Nichtbeibringung geforderter Gutachten

Wird ein Gutachten nicht beigebracht, dann wird Nichteignung vermutet und die Fahrerlaubnis entzogen.

Punkte-Rabatt kann man sich ›erarbeiten‹

In fast allen Bundesländern gibt es Seminare zur freiwilligen Fortbildung von Kraftfahrern; nur im Saarland und in Schleswig-Holstein finden solche Kurse derzeit nicht statt.
In diesen Seminaren, die meistens von besonders ausgebildeten Fahrlehrern durchgeführt werden, soll die Bereitschaft zu richtigem partnerschaftlichen Verhalten im Straßenverkehr gefördert werden. Teilnehmen kann jeder Inhaber einer deutschen Fahrerlaubnis, der nicht mehr als 13 Punkte hat. Eine Abschlußprüfung findet nicht statt. Ein Fahrtest wird durchgeführt.
Nach erfolgreicher Beendigung des Seminars erhält jeder Teilnehmer eine Bescheinigung, die er der Straßenverkehrsbehörde vorlegen kann. Bei der Berechnung der Punktezahl verfährt die Behörde so, als ob der entsprechende Verkehrsteilnehmer 3 Punkte weniger (in Baden-Württ., Bayern, Berlin und Rheinland-Pfalz 4 Punkte weniger) hat. Auskunft über diese Nachschulungskurse bekommt man bei den Führerscheinstellen oder bei den Gau-Geschäftsstellen des ADAC, siehe Seite 124. Eine einheitliche gesetzliche Regelung über Punkterabatte soll demnächst erfolgen.

Anwaltskosten

Schon bei Einleitung eines Bußgeldverfahrens wegen eines Verkehrsverstoßes oder eines Strafverfahrens wegen einer Verkehrsstraftat sollte überlegt werden, ob ein Rechtsanwalt mit der Wahrnehmung der Interessen beauftragt wird. Wird dieser im vorbereitenden Verfahren (vor der Polizei, der Bußgeldbehörde, der Staatsanwaltschaft) tätig, dann fällt je nach Bedeutung der Angelegenheit eine Gebühr zwischen DM 40,– und DM 530,– (Mittelgebühr also DM 285,–) an.
Ist die Tätigkeit des Anwalts im vorbereitenden Verfahren noch nicht beendet, wird also etwa nach Einspruch gegen den Bußgeldbescheid oder nach Erstellung einer Anklage und Eröffnung des Verfahrens Hauptverhandlungstermin angesetzt, dann erhält der Anwalt für seine Tätigkeit vor Gericht zusätzlich eine Gebühr zwischen DM 80,– und DM 1060,– (Mittelgebühr: DM 570,–).
Bei Verkehrsordnungswidrigkeiten wird der Umfang und die Schwierigkeit der anwaltschaftlichen Tätigkeit häufig unterdurchschnittlich sein, in diesen Fällen wird ein Honorar unterhalb der Mittelgebühr anfallen.

Rechtsschutz

Für Kraftfahrer empfiehlt sich der Abschluß einer Rechtsschutzversicherung. Nach den ›Allgemeinen Bedingungen für die Rechtsschutzversicherung‹ (ARB) besteht in der Verkehrsrechtsschutzversicherung für das auf den Versicherungsnehmer zugelassene Fahrzeug Versicherungsschutz. Damit sind er selbst, alle berechtigten Fahrer und alle Insassen versichert. Darüber hinaus besteht Rechtsschutz, wenn der Versicherungsnehmer fremde Fahrzeuge führt.
Der Versicherungsschutz umfaßt unter anderem neben der Geltendmachung von Schadensersatzansprüchen und der Wahrnehmung rechtlicher Interessen aus Verträgen insbesondere auch die Verteidigung in Verfahren wegen des Vorwurfes der Verletzung einer verkehrsrechtlichen Vorschrift des Straf- oder Ordnungswidrigkeitenrechts. Die Rechtsschutzversicherung bezahlt in diesen Fällen die anfallenden Gerichts- und Anwaltskosten. Der Versicherte hat freie Wahl eines Rechtsanwalts.
Dieser Verkehrsrechtsschutz kostet jährlich, je nachdem, bei welcher Versicherung er abgeschlossen wird, zwischen DM 80,– und DM 130,–.

Verwarnungsgeld-Katalog

Nr.	Tatbestand	§§ StVO	Regelsatz in DM Gtb.	Beh.	Gef.	Sbs.
	Zuwiderhandlungen gegen § 24 StVG					
	Straßenverkehrs-Ordnung					
	Grundregeln					
1	Durch Außerachtlassen der im Verkehr erforderlichen Sorgfalt	1 Abs. 2 49 Abs. 1, Nr. 1				
1.1	einen anderen mehr als nach den Umständen unvermeidbar belästigt		20			
1.2	einen anderen mehr als nach den Umständen unvermeidbar behindert		40			
1.3	einen anderen gefährdet		60			
1.4	einen anderen geschädigt, soweit in folgendem nichts anderes bestimmt ist		75			
	Straßenbenutzung durch Fahrzeuge					
2	Vorschriftswidrig Gehweg, Seitenstreifen (außer auf Autobahnen oder Kraftfahrstraßen), Verkehrsinsel oder Grünanlage benutzt	2 Abs. 1 49 Abs. 1, Nr. 2	10	20	40	
3	Gegen das Rechtsfahrgebot verstoßen durch Nichtbenutzen					
3.1	der rechten Fahrbahnseite	2 Abs. 2 49 Abs. 1, Nr. 2	20	40		
3.2	des rechten Fahrstreifens (außer auf Autobahnen oder Kraftfahrstraßen) und dadurch einen anderen behindert	2 Abs. 2 1 Abs. 2 49 Abs. 1, Nr. 1, 2	40			
3.3	der rechten Fahrbahn bei zwei getrennten Fahrbahnen	2 Abs. 2 49 Abs. 1, Nr. 2	50		75	
4	Schienenbahn nicht durchfahren lassen	2 Abs. 3 49 Abs. 1, Nr. 2	10			

Nr.	Tatbestand	§§ StVO	Regelsatz in DM Gtb.	Beh.	Gef.	Sbs.
5	Als Radfahrer oder Mofafahrer Fahrbahn, Radweg oder Seitenstreifen nicht oder nicht vorschriftsmäßig benutzt	2 Abs. 4 41 Abs. 2, Nr. 5, S. 6, Buchst. b 49 Abs. 1, Nr. 2, Abs. 3, Nr. 4	10			
	Geschwindigkeit					
6	Zulässige Höchstgeschwindigkeit überschritten mit	3 Abs. 3, S. 1, Abs. 4 49 Abs. 1, Nr. 3 18 Abs. 5, S. 2 49 Abs. 1, Nr. 18 41 Abs. 2, Nr. 7 (Z. 274) 49 Abs. 3, Nr. 4 41 Abs. 2, Nr. 5, S. 6, Buchst. e S. 7, Nr. 2, S. 1 (Z. 241 oder 242 mit Zusatzschild, das den Fahrzeugverkehr zuläßt) 49 Abs. 3, Nr. 4 42 Abs. 4a, Nr. 2 (Z. 325) 49 Abs. 5, Nr. 5 1 Abs. 3 und 3 Zonengeschwindigkeits-Verordnung				
6.1	Kraftfahrzeugen der in § 3 Abs. 3 Nr. 2 Buchstaben a oder b StVO genannten Art (z. B. **Lkw**)		vgl. Tabelle 1 Buchst. a, Seite 76			
6.2	kennzeichnungspflichtigen Kraftfahrzeugen der in Nr. 6.1 genannten Art mit gefährlichen Gütern oder Kraftomnibussen mit Fahrgästen		vgl. Tabelle 1 Buchst. b, Seite 76			
6.3	anderen als den in Nr. 6.1 oder 6.2 genannten Kraftfahrzeugen (z. B. **Pkw**)		vgl. Tabelle 1 Buchst. c, Seite 76			

Nr.	Tatbestand	§§ StVO	Regelsatz in DM Gtb.	Beh.	Gef.	Sbs.
	Abstand					
7	Erforderlichen Abstand von einem vorausfahrenden Fahrzeug bei einer Geschwindigkeit bis 80 km/h nicht eingehalten	4 Abs. 1, S. 1 49 Abs. 1, Nr. 4	50		60	75
8	Als Vorausfahrender ohne zwingenden Grund stark gebremst	4 Abs. 1, S. 2 49 Abs. 1, Nr. 4			40	60
9	Den zum Einscheren erforderlichen Abstand von dem vorausfahrenden Fahrzeug außerhalb geschlossener Ortschaften nicht eingehalten	4 Abs. 2, S. 1 49 Abs. 1, Nr. 4	50			
	Überholen					
10	Innerhalb geschlossener Ortschaften rechts überholt	5 Abs. 1 49 Abs. 1, Nr. 5	60			75
11	Mit nicht wesentlich höherer Geschwindigkeit als der zu Überholende überholt	5 Abs. 2, S. 2 49 Abs. 1, Nr. 5	60			75
12	Beim Überholen ausreichenden Seitenabstand zu einem anderen Verkehrsteilnehmer nicht eingehalten	5 Abs. 4, S. 2 49 Abs. 1, Nr. 5	60			75
13	Nach dem Überholen					
13.1	nicht sobald wie möglich wieder nach rechts eingeordnet	5 Abs. 4, S. 3 49 Abs. 1, Nr. 5	20			
13.2	beim Einordnen einen Überholten behindert	5 Abs. 4, S. 4 49 Abs. 1, Nr. 5	40			
14	Beim Überholtwerden Geschwindigkeit erhöht	5 Abs. 6, S. 1 49 Abs. 1, Nr. 5	60			
15	Als Führer eines langsameren Fahrzeugs Geschwindigkeit nicht ermäßigt oder nicht gewartet, um mehreren unmittelbar folgenden Fahrzeugen das Überholen zu ermöglichen	5 Abs. 6, S. 2 49 Abs. 1, Nr. 5	20			
16	Vorschriftswidrig links überholt, obwohl der Fahrer des vorausfahrenden Fahrzeuges die Absicht, nach links abzubiegen, angekündigt und sich eingeordnet hatte	5 Abs. 7, S. 1 49 Abs. 1, Nr. 5	50			60

Nr.	Tatbestand	§§ StVO	Regelsatz in DM Gtb.	Beh.	Gef.	Sbs.
	Fahrtrichtungsanzeiger					
17	Fahrtrichtungsanzeiger nicht wie vorgeschrieben benutzt	5 Abs. 4a 49 Abs. 1, Nr. 5 6 S. 2 49 Abs. 1, Nr. 6 7 Abs. 5, S. 2 49 Abs. 1, Nr. 7 9 Abs. 1, S. 1 49 Abs. 1, Nr. 9 10 S. 2 49 Abs. 1, Nr. 10 42 Abs. 2 (Zusatzschild zum Z. 306) 49 Abs. 3, Nr. 5	20			
	Vorbeifahren					
18	An einem haltenden Fahrzeug, einer Absperrung oder einem sonstigen Hindernis auf der Fahrbahn links vorbeigefahren, ohne ein entgegenkommendes Fahrzeug durchfahren zu lassen	6 S. 1 49 Abs. 1, Nr. 6	40		60	75
	Benutzung von Fahrstreifen durch Kraftfahrzeuge					
19	Fahrstreifen gewechselt und dadurch einen anderen gefährdet	7 Abs. 5, S. 1 49 Abs. 1, Nr. 7	60			75
	Vorfahrt					
20	Als Wartepflichtiger an eine bevorrechtigte Straße nicht mit mäßiger Geschwindigkeit herangefahren	8 Abs. 2, S. 1 49 Abs. 1, Nr. 8	20			
21	Vorfahrt nicht beachtet und dadurch einen Vorfahrtberechtigten wesentlich behindert	8 Abs. 2, S. 2 49 Abs. 1, Nr. 8	50			
	Abbiegen, Wenden, Rückwärtsfahren					
22	Abgebogen, ohne sich ordnungsgemäß oder rechtzeitig eingeordnet oder ohne vor dem Einordnen ober Abbiegen auf den nachfolgenden Verkehr geachtet zu haben	9 Abs. 1, S. 2, 4 49 Abs. 1, Nr. 9	20		60	75

Nr.	Tatbestand	§§ StVO	Regelsatz in DM Gtb.	Beh.	Gef.	Sbs.
23	Als Linksabbieger auf längs verlegten Schienen eingeordnet und dadurch ein Schienenfahrzeug behindert	9 Abs. 1, S. 3 49 Abs. 1, Nr. 9	10			
24	Als auf der Fahrbahn abbiegender Radfahrer bei ausreichendem Raum nicht an der rechten Seite des in gleicher Richtung abbiegenden Fahrzeugs geblieben	9 Abs. 2, S. 1 49 Abs. 1, Nr. 9	10			
25	Als nach links abbiegender Radfahrer nicht abgestiegen, obwohl es die Verkehrslage erforderte, oder Radwegeführung nicht gefolgt	9 Abs. 2, S. 4, 5 49 Abs. 1, Nr. 9	10			
26	Abgebogen, ohne Fahrzeug durchfahren zu lassen	9 Abs. 3, S. 1, 2, Abs. 4 49 Abs. 1, Nr. 9	20			
27	Beim Abbiegen in ein Grundstück, beim Wenden oder Rückwärtsfahren einen anderen Verkehrsteilnehmer gefährdet	9 Abs. 5 49 Abs. 1, Nr. 9	40			75
	Einfahren und Anfahren					
28	Aus einem Grundstück, einem Fußgängerbereich (Z. 242, 243), einem verkehrsberuhigten Bereich (Z. 325, 326) auf die Straße oder von einem anderen Straßenteil oder über einen abgesenkten Bordstein hinweg auf die Fahrbahn eingefahren oder vom Fahrbahnrand angefahren und dadurch einen anderen gefährdet	10 S. 1 49 Abs. 1, Nr. 10	60			75
29	Beim Fahren in eine oder aus einer Parklücke stehendes Fahrzeug beschädigt	10 S. 1 1 Abs. 2 49 Abs. 1, Nr. 1, 10	40			
	Besondere Verkehrslagen					
30	Trotz stockenden Verkehrs in eine Kreuzung oder Einmündung eingefahren und dadurch einen anderen behindert	11 Abs. 1, S. 1 1 Abs. 2 49 Abs. 1, Nr. 1, 11	40			

Nr.	Tatbestand	§§ StVO	Regelsatz in DM Gtb.	Beh.	Gef.	Sbs.
	Halten und Parken					
31	Unzulässig gehalten					
31.1	in den in § 12 Abs. 1 genannten Fällen	12 Abs. 1 49 Abs. 1, Nr. 12	20	30		
31.2	in »zweiter Reihe«	12 Abs. 4, S. 1, 2, Halbs. 2 49 Abs. 1, Nr. 12	30	40		
32	Unzulässig geparkt (§ 12, Abs. 2) in den Fällen, in denen § 12 Abs. 1, Nr. 1 bis 7 das Halten verbietet, oder auf Geh- und Radwegen	12 Abs. 1, Nr. 1 bis 7, Abs. 3, Nr. 8, Buchst. c, Abs. 4a 49 Abs. 1, Nr. 12 41 Abs. 2, Nr. 5, S. 6, Buchst. a, S. 2 (Z. 237) 49 Abs. 3, Nr. 4 42 Abs. 4 (Z. 315) 49 Abs. 3, Nr. 5	30	50		
32.1	länger als 1 Stunde		50	75		
33	Vor oder in amtlich gekennzeichneten Feuerwehrzufahrten geparkt (§ 12 Abs. 2)	12 Abs. 1, Nr. 8 49 Abs. 1, Nr. 12	75			
34	Im Bereich von Schienen öffentlicher Verkehrsmittel geparkt (§ 12 Abs. 2) und dadurch den Schienenverkehr behindert	1 Abs. 2 49 Abs. 1, Nr. 1	75			
35	Unzulässig geparkt (§ 12 Abs. 2) in den in § 12 Abs. 3, Nr. 1 bis 8, Buchst. a, b oder d genannten Fällen	12 Abs. 3, Nr. 1 bis 8, Buchst. a, b, d 49 Abs. 1, Nr. 12	20	30		
35.1	länger als 3 Stunden		40	60		
36	Unberechtigt auf Schwerbehinderten-Parkplatz geparkt (§ 12 Abs. 2)	12 Abs. 3, Nr. 8, Buchst. c (Z. 315 mit Zusatzschild) Buchst. e (Z. 314 mit Zusatzschild) 49 Abs. 1, Nr. 12	40			
37	In einem nach § 12 Abs. 3a S. 1 geschützten Bereich während nicht zugelassenen Zeiten mit einem Kraftfahrzeug über 7,5 t zulässiges	12 Abs. 3a, S. 1 49 Abs. 1, Nr. 12	60			

Nr.	Tatbestand	§§ StVO	Regelsatz in DM Gtb.	Beh.	Gef.	Sbs.
	Gesamtgewicht oder einem Kraftfahrzeuganhänger über 2 t zulässiges Gesamtgewicht regelmäßig geparkt (§ 12 Abs. 2)					
38	Mit Kraftfahrzeuganhänger ohne Zugfahrzeug länger als zwei Wochen geparkt (§ 12 Abs. 2)	12 Abs. 3b, S. 1 49 Abs. 1, Nr. 12	40			
39	In »zweiter Reihe« geparkt (§ 12 Abs. 2)	12 Abs. 4, S. 1, 2, Halbs. 2 49 Abs. 1, Nr. 12	40	50		
39.1	länger als 15 Minuten		60	75		
40	Vorrang des Berechtigten beim Einparken in eine Parklücke nicht beachtet	12 Abs. 5 49 Abs. 1, Nr. 12	20			
41	Nicht platzsparend gehalten oder geparkt (§ 12 Abs. 2)	12 Abs. 6 49 Abs. 1, Nr. 12	20			
	Einrichtungen zur Überwachung der Parkzeit					
42	An einer abgelaufenen Parkuhr, ohne vorgeschriebene Parkscheibe, ohne Parkschein oder unter Überschreiten der erlaubten Höchstparkdauer geparkt (§ 12 Abs. 2)	13 Abs. 1, 2 49 Abs. 1, Nr. 13	10			
42.1	bis zu 30 Minuten		10			
42.2	bis zu 1 Stunde		20			
42.3	bis zu 2 Stunden		30			
42.4	bis zu 3 Stunden		40			
42.5	länger als 3 Stunden		50			
	Sorgfaltspflichten beim Ein- und Aussteigen					
43	beim Ein- und Aussteigen einen anderen Verkehrsteilnehmer gefährdet	14 Abs. 1 49 Abs. 1, Nr. 14	20			50
44	Fahrzeug verlassen, ohne die nötigen Maßnahmen getroffen zu haben, um Unfälle oder Verkehrsstörungen zu vermeiden	14 Abs. 2, S. 1 49 Abs. 1, Nr. 14	30			50

Nr.	Tatbestand	§§ StVO	Regelsatz in DM Gtb.	Beh.	Gef.	Sbs.
	Abschleppen von Fahrzeugen					
45	Beim Abschleppen eines auf der Autobahn liegengebliebenen Fahrzeugs die Autobahn nicht bei der nächsten Ausfahrt verlassen oder mit einem außerhalb der Autobahn liegengebliebenen Fahrzeug in die Autobahn eingefahren	15a Abs. 1, 2 49 Abs. 1, Nr. 15a	40			
46	Während des Abschleppens Warnblinklicht nicht eingeschaltet	15a Abs. 3 49 Abs. 1, Nr. 15a	10			
47	Kraftrad abgeschleppt	15a Abs. 4 49 Abs. 1, Nr. 15a	20			
	Warnzeichen					
48	Mißbräuchlich Schall- oder Leuchtzeichen gegeben und dadurch einen anderen belästigt oder Schallzeichen gegeben, die aus einer Folge verschieden hoher Töne bestehen	16 Abs. 1, 3 1 Abs. 2 49 Abs. 1, Nr. 1, 16	20			
49	Als Führer eines Schulbusses Warnblinklicht nicht eingeschaltet, solange Kinder ein- oder aussteigen	16 Abs. 2, S. 1 49 Abs. 1, Nr. 16	20			
50	Warnblinklicht mißbräuchlich eingeschaltet	16 Abs. 2, S. 2 49 Abs. 1, Nr. 16	10			
	Beleuchtung					
51	Vorgeschriebene Beleuchtungseinrichtungen nicht oder nicht vorschriftsmäßig benutzt, obwohl die Sichtverhältnisse es erforderten, oder nicht rechtzeitig abgeblendet oder Beleuchtungseinrichtungen in verdecktem oder beschmutztem Zustand benutzt	17 Abs. 1, 2, S. 3, Abs. 3, S. 2, 5, Abs. 6 49 Abs. 1, Nr. 17	20		30	75
52	Nur mit Standlicht oder auf einer Straße mit durchgehender, ausreichender Beleuchtung mit Fernlicht gefahren oder mit einem Kraftrad am Tage nicht mit Abblendlicht gefahren	17 Abs. 2, S. 1, 2, Abs. 2a 49 Abs. 1, Nr. 17	20		30	75

Nr.	Tatbestand	§§ StVO	Regelsatz in DM Gtb.	Beh.	Gef.	Sbs.
53	Bei erheblicher Sichtbehinderung durch Nebel, Schneefall oder Regen innerhalb geschlossener Ortschaften am Tage nicht mit Abblendlicht gefahren	17 Abs. 3, S. 1 49 Abs. 1, Nr. 17	50			75
54	Haltendes mehrspuriges Fahrzeug nicht oder nicht wie vorgeschrieben beleuchtet oder kenntlich gemacht	17 Abs. 4, S. 1, 3 49 Abs. 1, Nr. 17	40			75
	Autobahnen und Kraftfahrstraßen					
55	Autobahn oder Kraftfahrstraße mit einem Fahrzeug benutzt, dessen durch die Bauart bestimmte Höchstgeschwindigkeit weniger als 60 km/h betrug oder dessen zulässige Höchstabmessungen zusammen mit der Ladung überschritten waren	18 Abs. 1 49 Abs. 1, Nr. 18	40			
56	An dafür nicht vorgesehener Stelle eingefahren	18 Abs. 2 49 Abs. 1, Nr. 18	50			
57	Auf einer Autobahn oder Kraftfahrstraße gehalten	18 Abs. 8 49 Abs. 1, Nr. 18	60			
58	Bei stockendem Verkehr auf einer Autobahn oder Kraftfahrstraße für die Durchfahrt von Polizei- oder Hilfsfahrzeugen eine vorschriftsmäßige Gasse nicht gebildet	18 Abs. 9 49 Abs. 1, Nr. 18	40			
59	Als Fußgänger Autobahn betreten oder Kraftfahrstraße an dafür nicht vorgesehener Stelle betreten	18 Abs. 10 49 Abs. 1, Nr. 18	20			
60	An dafür nicht vorgesehener Stelle ausgefahren	18 Abs. 11 49 Abs. 1, Nr. 18	50			
	Bahnübergänge					
61	Vor einem Bahnübergang Wartepflichten verletzt	19 Abs. 2 bis 6 49 Abs. 1, Nr. 19, Buchst. a	20			

Nr.	Tatbestand	§§ StVO	Regelsatz in DM Gtb.	Beh.	Gef.	Sbs.
	Öffentliche Verkehrsmittel und Schulbusse					
62	Einem Omnibus des Linienverkehrs oder einem Schulbus das Abfahren von einer gekennzeichneten Haltestelle nicht ermöglicht	20 Abs. 2 49 Abs. 1, Nr. 19, Buchst. b	10		40	60
	Personenbeförderung					
63	Gegen eine Vorschrift über die Mitnahme von Personen auf oder in Fahrzeugen verstoßen	21 Abs. 1, 1a, S. 1, Abs. 2, 3 49 Abs. 1, Nr. 20	10			
	Sicherheitsgurte, Schutzhelme					
64	Vorgeschriebenen Sicherheitsgurt während der Fahrt nicht angelegt	21a Abs. 1, S. 1 49 Abs. 1, Nr. 20a	40			
65	Amtlich genehmigten Schutzhelm während der Fahrt nicht getragen	21a Abs. 2 49 Abs. 1, Nr. 20a	30			
	Ladung					
66	Ladung oder Ladeeinrichtung nicht verkehrssicher verstaut oder gegen Herabfallen oder vermeidbaren Lärm nicht besonders gesichert	22 Abs. 1 49 Abs. 1, Nr. 21	20			
67	Fahrzeug geführt, das zusammen mit der Ladung eine der höchstzulässigen Abmessungen überschritt oder dessen Ladung unzulässig über das Fahrzeug hinausragte	22 Abs. 2, 3, 4, S. 1, 2, Abs. 5, S. 2 49 Abs. 1, Nr. 21	40			
68	Vorgeschriebene Sicherungsmittel nicht oder nicht ordnungsgemäß angebracht	22 Abs. 4, S. 3 bis 5, Abs. 5, S. 1 49 Abs. 1, Nr. 21	50			
	Sonstige Pflichten des Fahrzeugführers					
69	Als Fahrzeugführer nicht dafür gesorgt, daß					

Nr.	Tatbestand	§§ StVO	Regelsatz in DM Gtb.	Beh.	Gef.	Sbs.
69.1	seine Sicht oder sein Gehör durch die Besetzung, die Ladung, ein Gerät oder den Zustand des Fahrzeugs nicht beeinträchtigt war	23 Abs. 1, S. 1 49 Abs. 1, Nr. 22	20			
69.2	das Fahrzeug, der Zug, die Ladung oder die Besetzung vorschriftsmäßig war oder die Verkehrssicherheit des Fahrzeugs durch die Ladung oder die Besetzung nicht litt	23 Abs. 1, S. 2 49 Abs. 1, Nr. 22	50			
69.3	das vorgeschriebene Kennzeichen stets gut lesbar war	23 Abs. 1, S. 3 49 Abs. 1, Nr. 22	10			
69.4	an einem Kraftfahrzeug, an dessen Anhänger oder an einem Fahrrad die vorgeschriebene Beleuchtungseinrichtung auch am Tage vorhanden oder betriebsbereit war	23 Abs. 1, S. 4 49 Abs. 1, Nr. 22	10			
70	Fahrzeug oder Zug nicht auf dem kürzesten Weg aus dem Verkehr gezogen, obwohl unterwegs die Verkehrssicherheit wesentlich beeinträchtigende Mängel aufgetreten waren, die nicht alsbald beseitigt werden konnten	23 Abs. 2, Halbs. 1 49 Abs. 1, Nr. 22	20			
	Fußgänger					
71	Trotz vorhandenen Gehwegs oder Seitenstreifens auf der Fahrbahn oder außerhalb geschlossener Ortschaften nicht am linken Fahrbahnrand gegangen	25 Abs. 1, S. 2, 3, Halbs. 2 49 Abs. 1, Nr. 24, Buchst. a	10			
72	Fahrbahn ohne Beachtung des Fahrzeugverkehrs oder nicht zügig auf dem kürzesten Weg quer zur Fahrtrichtung oder an nicht vorgesehener Stelle überschritten	25 Abs. 3, S. 1 49 Abs. 1, Nr. 24, Buchst. a			10	20
	Fußgängerüberweg					
73	Bei stockendem Verkehr auf einen Fußgängerüberweg gefahren	26 Abs. 2 49 Abs. 1, Nr. 24, Buchst. b	10			

Nr.	Tatbestand	§§ StVO	Regelsatz in DM Gtb.	Beh.	Gef.	Sbs.
	Umweltschutz					
74	Bei Benutzung eines Fahrzeugs unnötigen Lärm oder vermeidbare Abgasbelästigungen verursacht	30 Abs. 1, S. 1, 2 49 Abs. 1, Nr. 25	20			
75	Innerhalb einer geschlossenen Ortschaft unnütz hin- und hergefahren und dadurch einen anderen belästigt	30 Abs. 1, S. 3 49 Abs. 1, Nr. 25	40			
	Verkehrshindernisse					
76	Straße beschmutzt oder benetzt, obwohl dadurch der Verkehr gefährdet oder erschwert werden konnte	32 Abs. 1, S. 1 49 Abs. 1, Nr. 27	20			
77	Verkehrswidrigen Zustand nicht oder nicht rechtzeitig beseitigt oder nicht ausreichend kenntlich gemacht	32 Abs. 1, S. 2 49 Abs. 1, Nr. 27	20			
78	Gefährliches Gerät nicht wirksam verkleidet	32 Abs. 2 49 Abs. 1, Nr. 27	10			
	Unfall					
79	Als Unfallbeteiligter den Verkehr nicht gesichert oder bei geringfügigem Schaden nicht unverzüglich beiseite gefahren	34 Abs. 1, Nr. 2 49 Abs. 1, Nr. 29	60			75
80	Unfallspuren beseitigt, bevor die notwendigen Feststellungen getroffen worden waren	34 Abs. 3 49 Abs. 1, Nr. 29	60			
	Warnkleidung					
81	Bei Arbeiten außerhalb von Gehwegen oder Absperrungen auffällige Warnkleidung nicht getragen	35 Abs. 6, S. 4 49 Abs. 4, Nr. 1a	10			
	Weisungen der Polizeibeamten					
82	Weisung eines Polizeibeamten nicht befolgt	36 Abs. 1, S. 1, Abs. 3, 5, S. 2 49 Abs. 3, Nr. 1	40			

Nr.	Tatbestand	§§ StVO	Regelsatz in DM Gtb.	Beh.	Gef.	Sbs.
	Wechsellichtzeichen					
83	Als Fußgänger rotes Wechsellichtzeichen nicht befolgt oder den Weg beim Überschreiten der Fahrbahn beim Wechsel von Grün auf Rot nicht zügig fortgesetzt	37 Abs. 2, Nr. 1, S. 7, Nr. 2, 5, S. 3 49 Abs. 3, Nr. 2	10		10	20
	Blaues und gelbes Blinklicht					
84	Blaues Blinklicht zusammen mit dem Einsatzhorn oder allein oder gelbes Blinklicht mißbräuchlich verwendet	38 Abs. 1, S. 1, Abs. 2, 3, S. 2 49 Abs. 3, Nr. 3	40			
85	Einem Einsatzfahrzeug, das blaues Blinklicht zusammen mit dem Einsatzhorn verwendet hatte, nicht sofort freie Bahn geschaffen	38 Abs. 1, S. 2 49 Abs. 3, Nr. 3	40			
	Vorschriftszeichen					
86	Unbedingtes Haltgebot (Z. 206) nicht befolgt	41 Abs. 2, Nr. 1, Buchst. b 49 Abs. 3, Nr. 4	20			
87	Bei verengter Fahrbahn (Z. 208) dem Gegenverkehr Vorrang nicht gewährt	41 Abs. 2, Nr. 1, Buchst. c 49 Abs. 3, Nr. 4	10		20	40
88	Eine durch Vorschriftszeichen vorgeschriebene Fahrtrichtung oder Vorbeifahrt nicht befolgt	41 Abs. 2, Nr. 2, 3 49 Abs. 3, Nr. 4	20		30	50
89	Als anderer Verkehrsteilnehmer vorschriftswidrig Radweg (Z. 237) oder einen sonstigen Sonderweg (Z. 239, 241) benutzt	41 Abs. 2, Nr. 5, S. 6, Buchst. a, S. 2 49 Abs. 3, Nr. 4	20			
90	Fußgängerbereich (Z. 241, 242, 243, 250) benutzt oder ein Verkehrsverbot (Z. 250, 251, 253) nicht beachtet	41 Abs. 2, Nr. 5, S. 6, Buchst. a, S. 2, Nr. 5, S. 7, Nr. 1, S. 2, Nr. 6 49 Abs. 3, Nr. 4	20			
90.1	mit Kraftfahrzeugen der in § 3, Abs. 3, Nr. 2, Buchst. a oder b StVO genannten Art (z. B. **Lkw**)		40			

Nr.	Tatbestand	§§ StVO	Regelsatz in DM Gtb.	Beh.	Gef.	Sbs.
90.2	mit anderen Kraftfahrzeugen (z. B. **Pkw**)		20			
90.3	als Radfahrer		10			
91	Verkehrsverbot (Z. 262 bis 266) oder Verbot der Einfahrt (Z. 267) nicht beachtet	41 Abs. 2, Nr. 6 49 Abs. 3, Nr. 4	40			
92	In einem Fußgängerbereich, der durch Z. 241, 242, 243 oder 250 gesperrt war, geparkt (§ 12, Abs. 2)	41 Abs. 2, Nr. 5, S. 6, Buchst. a, S. 2, Nr. 5, S. 7, Nr. 1, S. 2, Nr. 6 49 Abs. 3, Nr. 4	60	75		
92.1	länger als 3 Stunden		75			
93	Als Radfahrer oder Führer eines motorisierten Zweiradfahrzeugs auf einem gemeinsamen Rad- und Gehweg auf einen Fußgänger nicht Rücksicht genommen	41 Abs. 2, Nr. 5, S. 6, Buchst. c 49 Abs. 3, Nr. 4	10			
94	Bei zugelassenem Fahrzeugverkehr in einem Fußgängerbereich (Z. 241, 242, 243) nicht mit Schrittgeschwindigkeit gefahren (soweit nicht von Nr. 6 erfaßt)	41 Abs. 2, Nr. 5, S. 6, Buchst. e, Nr. 5, S. 7, Nr. 2, S. 1 49 Abs. 3, Nr. 4	30			
95	Als Nichtberechtigter Sonderfahrtstreifen für Omnibusse des Linienverkehrs (Z. 245) oder für Taxen (Z. 245 mit Zusatzschild) benutzt	41 Abs. 2, Nr. 5, S. 10 49 Abs. 3, Nr. 4	20	60		
96	Vorgeschriebenen Mindestabstand (Z. 273) zu einem vorausfahrenden Fahrzeug unterschritten	41 Abs. 2, Nr. 6 49 Abs. 3, Nr. 4	20			
97	An der Haltlinie (Z. 294) nicht gehalten	41 Abs. 3, Nr. 2 49 Abs. 3, Nr. 4	20			
98	Fahrstreifenbegrenzung (Z. 295, 296) überquert oder überfahren oder durch Pfeile vorgeschriebener Fahrtrichtung (Z. 297) nicht gefolgt oder Sperrfläche (Z. 298) benutzt (außer Parken)	41 Abs. 3, Nr. 3, Buchst. a, S. 3, Nr. 4, S. 2, Buchst. a, Nr. 5, S. 3, Nr. 6 49 Abs. 3, Nr. 4	20			75
98.1	und dabei überholt	41 Abs. 3 49 Abs. 3, Nr. 4	60			
99	Sperrfläche (Z. 298) zum Parken benutzt	41 Abs. 3, Nr. 6 49 Abs. 3, Nr. 4	50			

Nr.	Tatbestand	§§ StVO	Regelsatz in DM Gtb.	Beh.	Gef.	Sbs.
	Richtzeichen					
100	Als Fahrzeugführer in einem verkehrsberuhigten Bereich (Z. 325, 326)					
100.1	Schrittgeschwindigkeit nicht eingehalten (soweit nicht von Nr. 6 erfaßt)	42 Abs. 4a, Nr. 2 49 Abs. 3, Nr. 5	30			
100.2	Fußgänger behindert	42 Abs. 4a, Nr. 3 49 Abs. 3, Nr. 5	30			
101	In einem verkehrsberuhigten Bereich (Z. 325, 326) außerhalb der zum Parken gekennzeichneten Flächen geparkt (§ 12, Abs. 2)	42 Abs. 4a, Nr. 5 49 Abs. 3, Nr. 5	20	30		
101.1	länger als 3 Stunden		40	60		
102	Auf dem linken von mehreren nach Z. 340 markierten Fahrstreifen auf einer Fahrbahn für beide Richtungen überholt	42 Abs. 6, S. 1, Nr. 1, S. 3, Buchst. b, S. 1 49 Abs. 3, Nr. 5	60			
103	Als Führer eines Lkw mit einem zulässigen Gesamtgewicht von mehr als 2,8 t oder eines Zuges von mehr als 7 m Länge den linken von mindestens 3 in einer Richtung verlaufenden Fahrstreifen außerhalb einer geschlossenen Ortschaft vorschriftswidrig benutzt	42 Abs. 6, S. 1, Nr. 1, S. 3, Buchst. d, S. 3 49 Abs. 3, Nr. 5	30	40		
	Verkehrseinrichtungen					
104	Durch Absperrgerät abgesperrte Straßenfläche befahren	43 Abs. 3, Nr. 2 49 Abs. 3, Nr. 6	10			
	Ausnahmegenehmigung und Erlaubnis					
105	Genehmigungs- oder Erlaubnisbescheid nicht mitgeführt oder auf Verlangen nicht ausgehändigt	46 Abs. 3, S. 3 49 Abs. 4, Nr. 5	20			

Nr.	Tatbestand	§§ StVZO	Regelsatz in DM
	Straßenverkehrs-Zulassungs-Ordnung		
	Mitführen und Aushändigen von Papieren		
106	Vorgeschriebenes Ausweispapier, vorgeschriebene Urkunde über eine Erlaubnis oder sonstige Bescheinigung nicht mitgeführt oder auf Verlangen nicht ausgehändigt	69a Abs. 1, Nr. 5, Abs. 2, Nr. 9, Abs. 5, Nr. 5c, jeweils i.V.m. dort genannten Vorschriften	20
	Einschränkung der Fahrerlaubnis		
107	Einer vollziehbaren Auflage nicht nachgekommen, unter der die Verwaltungsbehörde die Fahrerlaubnis erteilt hat	12 Abs. 2, S. 1 15b Abs. 1a 69a Abs. 1, Nr. 6, 9a	50
	Ablieferung und Vorlage des Führerscheins		
108	Führerschein nach Ablauf der Geltungsdauer oder nach Entziehung oder Einschränkung der Fahrerlaubnis oder nach Anordnung sonstiger Maßnahmen nicht oder nicht rechtzeitig abgeliefert oder vorgelegt	12a Abs. 1, S. 3 15b Abs. 3 15k Abs. 2 69a Abs. 1, Nr. 9	50
	Meldepflichten, Zurückziehen aus dem Verkehr		
109	Gegen die Meldepflicht bei Änderung der tatsächlichen Verhältnisse, gegen die Antrags- oder Anzeigepflicht bei Standortänderung, Veräußerung oder Erwerb des Fahrzeugs oder gegen die Anzeige- oder Vorlagepflicht bei Dauerstillegung des Fahrzeugs oder gegen die Pflicht, das Kennzeichen entstempeln zu lassen, verstoßen	27 Abs. 1, 2, 3, S. 1, Halbs. 1, S. 2, Abs. 5, S. 1 dieser auch i.V.m. Abs. 4, S. 3, 69a Abs. 2, Nr. 12	10
	Amtliche Kennzeichen an Fahrzeugen		
110	Einer Vorschrift über amtliche Kennzeichen an Fahrzeugen zuwidergehandelt	18 Abs. 4, S. 1, 2 23 Abs. 4, S. 1 28 Abs. 1, S. 2, Abs. 2, S. 1 60 Abs. 1 bis 5, 7, S. 1 69a Abs. 2, Nr. 4	20

Nr.	Tatbestand	§§ StVZO	Regelsatz in DM
	Prüfungs-, Probe-, Überführungsfahrten		
111	Gegen die Pflicht zur Ablieferung des roten Kennzeichens oder des besonderen Fahrzeugscheins oder zur Verwendung des besonderen Fahrzeugscheins oder zur Vornahme von Eintragungen in diesen Schein verstoßen	28 Abs. 3, S. 1, 3, 6 69a Abs. 2, Nr. 13	10
112	Gegen die Pflicht zum Führen, Aufbewahren oder Aushändigen von Aufzeichnungen über Prüfungs-, Probe- oder Überführungsfahrten verstoßen	28 Abs. 3, S. 4, 5 69a Abs. 2, Nr. 13	50
	Untersuchung der Kraftfahrzeuge und Anhänger		
113	Als Halter Fahrzeug zur Haupt- oder Zwischenuntersuchung oder Bremsensonderuntersuchung nicht angemeldet oder vorgeführt; bei einer Überschreitung des Anmelde- oder Vorführtermins von mehr als	29 Abs. 1, S. 1 i.V.m. Nr. 2.1, 2.2, S. 1, 2, 4, 5, Nr. 2.8, S. 2, Nr. 3.1, S. 1, 2, 5, der Anlage VIII	
113.1	2 bis zu 4 Monaten		30
113.2	4 bis zu 8 Monaten	69a Abs. 2, Nr. 14	50
114	Fahrzeug zur Nachprüfung der Mängelbeseitigung nicht rechtzeitig vorgeführt	29 Abs. 1, S. 1 i.V.m. Nr. 3.3, S. 1, Nr. 4.2.3, S. 1 der Anlage VIII 69a Abs. 2, Nr. 16	30
	Versicherungskennzeichen		
115	Einer Vorschrift über Versicherungskennzeichen an Fahrzeugen zuwidergehandelt	29e Abs. 1 29g S. 1 60a Abs. 1 bis 3, 5 69a Abs. 2, Nr. 5	10
	Überprüfung mitzuführender Gegenstände		
116	Mitzuführende Gegenstände auf Verlangen nicht vorgezeigt oder zur Prüfung nicht ausgehändigt	31b 69a Abs. 5, Nr. 4b	10

Nr.	Tatbestand	§§ StVZO	Regelsatz in DM
	Abmessung von Fahrzeugen oder Zügen		
117	Kraftfahrzeug oder Zug in Betrieb genommen, obwohl Teile, die den Verkehr mehr als unvermeidbar gefährdeten, über dessen Umriß hervorragten	32 Abs. 3 69a Abs. 3, Nr. 2	40
	Unterfahrschutz		
118	Kraftfahrzeug, Anhänger oder Fahrzeug mit austauschbarem Ladungsträger ohne vorgeschriebenen Unterfahrschutz in Betrieb genommen	32b Abs. 1, 2 69a Abs. 3, Nr. 3a	50
	Schleppen von Fahrzeugen		
119	Fahrzeug unter Verstoß gegen eine Vorschrift über das Schleppen von Fahrzeugen in Betrieb genommen	33 Abs. 1, S. 1, Abs. 2, Nr. 1, 6 69a Abs. 3, Nr. 3	50
	Achslast, Gesamtgewicht, Anhängelast hinter Kraftfahrzeugen		
120	Kraftfahrzeug, Anhänger oder Fahrzeugkombination in Betrieb genommen, obwohl die zulässige Achslast, das zulässige Gesamtgewicht oder die zulässige Anhängelast hinter einem Kraftfahrzeug überschritten war	34 Abs. 2, S. 1, 2, Abs. 3, S. 1, 2, 5, 7 42 Abs. 1, 2, S. 2 69a Abs. 3, Nr. 4	
120.1	bei Kraftfahrzeugen mit einem zulässigen Gesamtgewicht über 7,5 t oder Kraftfahrzeugen mit Anhängern, deren zulässiges Gesamtgewicht 2 t übersteigt	vgl. Tabelle 2 Buchst. a, Seite 77	
120.2	bei anderen Kraftfahrzeugen bis 7,5 t zulässiges Gesamtgewicht	vgl. Tabelle 2 Buchst. b, Seite 77	
121	Als Halter die Inbetriebnahme eines Kraftfahrzeugs, eines Anhängers oder einer Fahrzeugkombination angeordnet oder zugelassen, obwohl die zulässige Achslast, das zulässige Gesamtgewicht oder die zulässige Anhängelast hinter einem Kraftfahrzeug überschritten war	31 Abs. 2 i.V.m. 34 Abs. 2, S. 1, 2, Abs. 3, S. 1, 2, 5, 7 42 Abs. 1, 2, S. 2 69a Abs. 5, Nr. 3	
121.1	bei Kraftfahrzeugen mit einem zulässigen Gesamtgewicht über 7,5 t oder Kraftfahrzeugen mit Anhängern, deren zulässiges Gesamtgewicht 2 t übersteigt	vgl. Tabelle 2 Buchst. a, Seite 77	
121.2	bei anderen Kraftfahrzeugen bis 7,5 t zulässiges Gesamtgewicht, auch Pkw	vgl. Tabelle 2 Buchst. b, Seite 77	

Nr.	Tatbestand	§§ StVZO	Regelsatz in DM
	Feuerlöscher in Kraftomnibussen		
122	Kraftomnibusse unter Verstoß gegen eine Vorschrift über mitzuführende Feuerlöscher in Betrieb genommen	35g Abs. 1, 2 69a Abs. 3, Nr. 7c	30
123	Als Halter die Inbetriebnahme eines Kraftomnibusses unter Verstoß gegen eine Vorschrift über mitzuführende Feuerlöscher angeordnet oder zugelassen	31 Abs. 2 i.V.m. 35g Abs. 1, 2 69a Abs. 5, Nr. 3	40
	Erste-Hilfe-Material in Kraftfahrzeugen		
124	Unter Verstoß gegen eine Vorschrift über mitzuführendes Erste-Hilfe-Material		
124.1	einen Kraftomnibus	35h Abs. 1, 2 69a Abs. 3, Nr. 7c	30
124.2	ein anderes Kraftfahrzeug	35h Abs. 3 69a Abs. 3, Nr. 7	10
	in Betrieb genommen		
125	Als Halter die Inbetriebnahme unter Verstoß gegen eine Vorschrift über mitzuführendes Erste-Hilfe-Material		
125.1	eines Kraftomnibusses	31 Abs. 2 i.V.m. 35h Abs. 1, 2 69a Abs. 5, Nr. 3	50
125.2	eines anderen Kraftfahrzeugs	31 Abs. 2 i.V.m. 35h Abs. 3 69a Abs. 5, Nr. 3	20
	angeordnet oder zugelassen		
	Bereifung		
126	Kraftfahrzeug oder Anhänger, die unzulässig mit Diagonal- und mit Radialreifen ausgerüstet waren, in Betrieb genommen	36 Abs. 2a, S. 1, 2 69a Abs. 3, Nr. 8	30
127	Als Halter die Inbetriebnahme eines Kraftfahrzeugs oder Anhängers, die unzulässig mit Diagonal- und mit Radialreifen ausgerüstet waren, angeordnet oder zugelassen	31 Abs. 2 i.V.m. 36 Abs. 2a, S. 1, 2 69a Abs. 5, Nr. 3	60

Nr.	Tatbestand	§§ StVZO	Regelsatz in DM
	Mitführen von Anhängern hinter Kraftrad oder Personenkraftwagen		
128	Kraftrad oder Personenkraftwagen unter Verstoß gegen eine Vorschrift über das Mitführen von Anhängern in Betrieb genommen	42 Abs. 2, S. 1 69a Abs. 3, Nr. 3	50
	Einrichtungen zur Verbindung von Fahrzeugen		
129	Abschleppstange oder Abschleppseil nicht ausreichend erkennbar gemacht	43 Abs. 3, S. 2 69a Abs. 3, Nr. 3	10
	Abgassonderuntersuchung		
130	Als Halter die Frist für die Abgassonderuntersuchung von mehr als 2 bis 8 Monaten überschritten	47a Abs. 1, S. 1 69a Abs. 5, Nr. 5a	30
	Geräuschentwicklung und Schalldämpferanlage		
131	Kraftfahrzeug, dessen Schalldämpferanlage defekt war, in Betrieb genommen	49 Abs. 1 69a Abs. 3, Nr. 17	40
132	Weisung, den Schallpegel im Nahfeld feststellen zu lassen, nicht befolgt	49 Abs. 4, S. 1 69a Abs. 5, Nr. 5b	20
	Lichttechnische Einrichtungen		
133	Kraftfahrzeug oder Anhänger unter Verstoß gegen eine allgemeine Vorschrift über lichttechnische Einrichtungen in Betrieb genommen	49a Abs. 1 bis 6, 8, 9, S. 2, Abs. 10, S. 1 69a Abs. 3, Nr. 18	10
134	Kraftfahrzeug oder Anhänger in Betrieb genommen unter Verstoß gegen eine Vorschrift über		
134.1	Scheinwerfer für Fern- oder Abblendlicht	50 Abs. 1, 2, S. 1, 6, Halbs. 2, S. 7, Abs. 3, S. 1, 2, Abs. 5, 6, S. 1, 3, 4, 6, Abs. 6a, S. 2 bis 5, Abs. 9 69a Abs. 3, Nr. 18a	30
134.2	Begrenzungsleuchten oder vordere Richtstrahler	51 Abs. 1, S. 1, 4 bis 6, Abs. 2, S. 1, 4, Abs. 3 69a Abs. 3, Nr. 18b	30

Nr.	Tatbestand	§§ StVZO	Regelsatz in DM
134.3	seitliche Kenntlichmachung oder Umrißleuchten	51a Abs. 1, S. 1 bis 7, Abs. 3, S. 1, Abs. 4, S. 2 51b Abs. 2, S. 1, 2, 4, Abs. 4, 5 69a Abs. 3, Nr. 18c	30
134.4	zusätzliche Scheinwerfer oder Leuchten	52 Abs. 1, S. 2 bis 5, Abs. 2, S. 2, 3, Abs. 5, S. 2, Abs. 7, S. 2, 4, Abs. 9, S. 2 69a Abs. 3, Nr. 18e	30
134.5	Schluß-, Nebelschluß-, Bremsleuchten oder Rückstrahler	53 Abs. 1, S. 1 bis 4, 6, Abs. 2, S. 1, 2, 4 bis 6, Abs. 4, S. 1 bis 4, 6, Abs. 5, S. 1, 2, 3, Abs. 6, S. 2, Abs. 8, Abs. 9, S. 1 53d Abs. 2, 3 69a Abs. 3, Nr. 18g, 19c	30
134.6	Warndreieck, Warnleuchte oder Warnblinkanlage	53a Abs. 1, 2, 3, S. 2, Abs. 4, 5 69a Abs. 3, Nr. 19	30
134.7	Ausrüstung oder Kenntlichmachung von Anbaugeräten oder Hubladebühnen	53b Abs. 1, S. 1 bis 3, Abs. 2, S. 1 bis 3, Abs. 3, S. 1, Abs. 4, 5 69a Abs. 3, Nr. 19a	30
	Einrichtungen an Fahrrädern		
135	Fahrrad unter Verstoß gegen eine Vorschrift über die Einrichtungen für Schallzeichen in Betrieb genommen	64a 69a Abs. 4, Nr. 4	10
136	Fahrrad oder Fahrrad mit Beiwagen unter Verstoß gegen eine Vorschrift über Schlußleuchten oder Rückstrahler in Betrieb genommen	67 Abs. 4, S. 1, 3 69a Abs. 4, Nr. 8	10

Nr.	Tatbestand	§§ StVZO	Regelsatz in DM
	Ausnahmen		
137	Urkunde über eine Ausnahmegenehmigung nicht mitgeführt oder auf Verlangen nicht ausgehändigt	70 Abs. 3a, S. 1 69a Abs. 5, Nr. 7	20
	Auflagen bei Ausnahmegenehmigungen		
138	Als Fahrzeugführer, ohne Halter zu sein, einer vollziehbaren Auflage einer Ausnahmegenehmigung nicht nachgekommen	71 69a Abs. 5, Nr. 8	30
		§§ V.Int.	
	Verordnung über Internationalen Kraftfahrzeugverkehr		
139	An einem ausländischen Kraftfahrzeug oder Kraftfahrzeuganhänger das Kennzeichen oder das Nationalitätszeichen nicht oder nicht wie vorgeschrieben geführt	2 Abs. 1, S. 1, 3, Abs. 2 14 Nr. 1	10
140	Zulassungsschein, Führerschein, Fahrausweis oder die Übersetzung des ausländischen Zulassungsscheins oder Fahrausweises nicht mitgeführt oder auf Verlangen nicht ausgehändigt	10 14 Nr. 2	20
141	Als Fahrzeugführer, ohne Halter zu sein, einer vollziehbaren Auflage einer Ausnahmegenehmigung nicht nachgekommen	13 i.V.m. 71 StVZO 14 Nr. 3	30

Tabelle 1 zu Nr. 6 des Verwarnungsgeldkatalogs

Geschwindigkeitsüberschreitungen

a) Kraftfahrzeuge der in § 3 Abs. 3, Nr. 2, Buchst. a oder b StVO genannten Art (z. B. **Lkw, Kfz über 2,8 t, Busse, Pkw mit Anhänger**)

Nr.	Überschreitung in km/h	Regelsatz in DM bei Begehung innerhalb geschlossener Ortschaften	Regelsatz in DM bei Begehung außerhalb geschlossener Ortschaften
6.1	bis 10	40	30
	11–15	60	50

b) kennzeichnungspflichtige Kraftfahrzeuge der in Buchst. a genannten Art mit gefährlichen Gütern oder Kraftomnibusse mit Fahrgästen

Nr.	Überschreitung in km/h	Regelsatz in DM bei Begehung innerhalb geschlossener Ortschaften	Regelsatz in DM bei Begehung außerhalb geschlossener Ortschaften
6.2	bis 10	60	40
	11–15	75	60

c) andere als die in Buchst. a oder b genannten Kraftfahrzeuge (z. B. **Pkw**)

Nr.	Überschreitung in km/h	Regelsatz in DM
6.3	bis 10	20
	11–15	40
	16–20	60

Tabelle 2 zu Nr. 120, 121 des Verwarnungsgeldkatalogs

Überschreiten der zulässigen Achslast oder des zulässigen Gesamtgewichts von Kraftfahrzeugen, Anhängern, Fahrzeugkombinationen sowie der Anhängelast hinter Kraftfahrzeugen

a) bei Kraftfahrzeugen mit einem zulässigen Gesamtgewicht über 7,5 t sowie Kraftfahrzeugen mit Anhängern, deren zulässiges Gesamtgewicht 2 t übersteigt

Nr.	Überschreiten in v. H.	Regelsatz in DM
120.1	– für Inbetriebnahme 2 bis 5	60
121.1	– für Anordnen oder Zulassen der Inbetriebnahme 2 bis 5	75

b) bei anderen Kraftfahrzeugen bis 7,5 t zulässiges Gesamtgewicht (auch **Pkw**)

Nr.	Überschreiten in v. H.	Regelsatz in DM
	– für Inbetriebnahme, Anordnen oder Zulassen der Inbetriebnahme	
120.2	mehr als 5 bis 10	20
oder	mehr als 10 bis 15	60
121.2	mehr als 15 bis 20	75

Straftaten im Verkehr
Punktekatalog

Tatbestand	§§	Punkte
Unerlaubtes Entfernen vom Unfallort	142 StGB	7
Straßenverkehrsgefährdung durch Führen eines Fahrzeugs bei Fahrunsicherheit infolge		
Alkoholgenusses	315c StGB	7
Genusses anderer berauschender Mittel	315c StGB	7
Geistiger oder körperlicher Mängel	315c StGB	7
Straßenverkehrsgefährdung durch grob verkehrswidrige(s) und rücksichtslose(s)		
Vorfahrtmißachtung	315c StGB	7
Fehlverhalten beim Überholen	315c StGB	7
Fehlverhalten an Fußgängerüberwegen	315c StGB	7
zu schnelles Fahren unter anderem an unübersichtlichen Stellen	315c StGB	7
Mißachtung des Rechtsfahrgebots	315c StGB	7
Wenden, Rückwärtsfahren, Fahren entgegen der Fahrtrichtung oder versuchtes Wenden, Rückwärtsfahren, Fahren entgegen der Fahrtrichtung auf Autobahnen oder Kraftfahrstraßen	315c StGB	7
Nichtkenntlichmachung haltender oder liegengebliebener Fahrzeuge	315c StGB	7
Führen eines Fahrzeugs bei Fahrunsicherheit infolge		
Alkoholgenusses	316 StGB	7
Genusses anderer berauschender Mittel	316 StGB	7
Vollrausch	323a StGB	7
Führen oder Anordnen oder Zulassen des Führens eines Kraftfahrzeuges		
ohne Fahrerlaubnis	21 StVG	6
trotz Fahrverbots oder trotz Verwahrung, Sicherstellung oder Beschlagnahme des Führerscheins	21 StVG	6
Kennzeichenmißbrauch	22 StVG	6
Gebrauch oder Gestatten des Gebrauchs unversicherter Kraftfahrzeuge oder Anhänger	6 PflVG 9 AuslPflVG	6
Unbefugter Gebrauch von Kraftfahrzeugen	248b StGB	5

Tatbestand	§§	Punkte
Nötigung	240 StGB	5
Tötung	222 StGB	5
Körperverletzung	230 StGB	5
Gefährliche Eingriffe in den Straßenverkehr	315b StGB	5
Unterlassene Hilfeleistung	323c StGB	5
Andere Straftaten	hier nicht einzeln aufgeführt	5

Bußgeldkatalog

Nr.	Tatbestand	§§ StVO	Regelsatz in DM und Fahrverbot	Punkte
	Zuwiderhandlungen gegen § 24 StVG			
	Straßenverkehrs-Ordnung			
	Straßenbenutzung durch Fahrzeuge			
1	Gegen das Rechtsfahrgebot verstoßen	2 Abs. 2 1 Abs. 2 49 Abs. 1, Nr. 1, 2		
1.1	bei Gegenverkehr, beim Überholtwerden, an Kuppen, in Kurven oder bei Unübersichtlichkeit und dadurch einen anderen gefährdet		80	2
1.2	auf Autobahnen oder Kraftfahrstraßen und dadurch einen anderen behindert		80	1
2	Als Führer eines kennzeichnungspflichtigen Kraftfahrzeugs mit gefährlichen Gütern bei Sichtweite unter 50 m durch Nebel, Schneefall oder Regen oder bei Schneeglätte oder Glatteis sich nicht so verhalten, daß die Gefährdung eines anderen ausgeschlossen war, insbesondere, obwohl nötig, nicht den nächsten geeigneten Platz zum Parken aufgesucht	2 Abs. 3a 49 Abs. 1, Nr. 2	150	3
	Geschwindigkeit			
3	Mit zu hoher, nicht angepaßter Geschwindigkeit gefahren bei Unübersichtlichkeit, an Straßenkreuzungen, Straßeneinmündungen, Bahnübergängen oder bei schlechten Sicht- oder Wetterverhältnissen (z. B. Nebel, Glatteis)	3 Abs. 1 19 Abs. 1, S. 2 49 Abs. 1, Nr. 3, 19, Buchst. a	100	3

Nr.	Tatbestand	§§ StVO	Regelsatz in DM und Fahrverbot	Punkte
4	Als Fahrzeugführer ein Kind, einen Hilfsbedürftigen oder älteren Menschen gefährdet, insbesondere durch nicht ausreichend verminderte Geschwindigkeit, mangelnde Bremsbereitschaft oder unzureichenden Seitenabstand beim Vorbeifahren oder Überholen	3 Abs. 2a 49 Abs. 1, Nr. 3	120	3
5	Zulässige Höchstgeschwindigkeit überschritten mit	3 Abs. 3, S. 1, Abs. 4 49 Abs. 1, Nr. 3 18 Abs. 5, S. 2 49 Abs. 1, Nr. 18 41 Abs. 2, Nr. 7 (Z. 274) 49 Abs. 3, Nr. 4 41 Abs. 2, Nr. 5, S. 6, Buchst. e, S. 7, Nr. 2, S. 1 (Z. 241 oder 242 mit Zusatzschild, das den Fahrzeugverkehr zuläßt) 49 Abs. 3, Nr. 4 42 Abs. 4a, Nr. 2 (Z. 325) 49 Abs. 3, Nr. 5 1 Abs. 3 und 3 Zonengeschwindigkeits-Verordnung		
5.1	Kraftfahrzeugen der in § 3 Abs. 3, Nr. 2, Buchst. a oder b StVO genannten Art (z. B. **Lkw**)		vgl. Tabelle 1 Buchst. a, S. 99	
5.2	kennzeichnungspflichtigen Kraftfahrzeugen der in Nr. 5.1 genannten Art mit gefährlichen Gütern oder Kraftomnibussen mit Fahrgästen		vgl. Tabelle 1 Buchst. b, S. 99	
5.3	anderen als den in Nr. 5.1 oder 5.2 genannten Kraftfahrzeugen (z. B. **Pkw**)		vgl. Tabelle 1 Buchst. c, S. 99	

Nr.	Tatbestand	§§ StVO	Regelsatz in DM und Fahrverbot	Punkte
	Abstand			
6	Erforderlichen Abstand von einem vorausfahrenden Fahrzeug nicht eingehalten bei einer Geschwindigkeit von	4 Abs. 1, S. 1 49 Abs. 1, Nr. 4		
6.1	mehr als 80 km/h		vgl. Tabelle 2 Buchst. a, S. 100	
6.2	mehr als 130 km/h		vgl. Tabelle 2 Buchst. b, S. 100	
7	Mit Lastkraftwagen (zulässiges Gesamtgewicht über 2,8 t) oder Kraftomnibus bei einer Geschwindigkeit von mehr als 50 km/h auf einer Autobahn Mindestabstand von 50 m von einem vorausfahrenden Fahrzeug nicht eingehalten	4 Abs. 3 49 Abs. 1, Nr. 4	100	3
	Überholen			
8	Außerhalb geschlossener Ortschaft rechts überholt	5 Abs. 1 49 Abs. 1, Nr. 5	100	3
9	Überholt, obwohl nicht übersehen werden konnte, daß während des ganzen Überholvorgangs jede Behinderung des Gegenverkehrs ausgeschlossen war, oder bei unklarer Verkehrslage	5 Abs. 2, S. 1, Abs. 3, Nr. 1 49 Abs. 1, Nr. 5	100	3
9.1	und dabei Verkehrszeichen (Z. 276, 277) nicht beachtet oder Fahrstreifenbegrenzung (Z. 295, 296) überquert oder überfahren oder der durch Pfeile vorgeschriebenen Fahrtrichtung (Z. 297) nicht gefolgt	5 Abs. 2, S. 1, Abs. 3, Nr. 2 49 Abs. 1, Nr. 5	150	4
9.1.1	mit Gefährdung oder Sachbeschädigung	5 Abs. 2, S. 1, Abs. 3, Nr. 2 1 Abs. 2 49 Abs. 1, Nr. 1, 5	250 Fahrverbot 1 Monat	4
10	Überholt unter Nichtbeachten von Verkehrszeichen (Z. 276, 277)	5 Abs. 3, Nr. 2 49 Abs. 1, Nr. 5	80	1
11	Zum Überholen ausgeschert und dadurch nachfolgenden Verkehr gefährdet	5 Abs. 4, S. 1 49 Abs. 1, Nr. 5	80	2

Nr.	Tatbestand	§§ StVO	Regelsatz in DM und Fahrverbot	Punkte
	Vorfahrt			
12	Vorfahrt nicht beachtet und dadurch einen Vorfahrtberechtigten gefährdet	8 Abs. 2, S. 2 49 Abs. 1, Nr. 8	100	3
	Abbiegen			
13	Abgebogen, ohne Fahrzeug durchfahren zu lassen und dadurch einen anderen gefährdet	9 Abs. 3, S. 1, 2, Abs. 4 1 Abs. 2 49 Abs. 1, Nr. 1, 9	80	2
14	Beim Abbiegen auf einen Fußgänger keine besondere Rücksicht genommen und ihn dadurch gefährdet	9 Abs. 3, S. 3 1 Abs. 2 49 Abs. 1, Nr. 1, 9	80	2
	Liegenbleiben von Fahrzeugen			
15	Liegengebliebenes mehrspuriges Fahrzeug nicht oder nicht wie vorgeschrieben abgesichert, beleuchtet oder kenntlich gemacht und dadurch einen anderen gefährdet	15 auch i.V.m. 17 Abs. 4, S. 1, 3 1 Abs. 2 49 Abs. 1, Nr. 1, 15	80	2
	Beleuchtung			
16	Bei erheblicher Sichtbehinderung durch Nebel, Schneefall oder Regen außerhalb geschlossener Ortschaften am Tage nicht mit Abblendlicht gefahren	17 Abs. 3, S. 1 49 Abs. 1, Nr. 17	80	3
	Autobahnen und Kraftfahrstraßen			
17	An dafür nicht vorgesehener Stelle eingefahren und dadurch einen anderen gefährdet	18 Abs. 2 1 Abs. 2 49 Abs. 1, Nr. 1, 18	100	3
18	Beim Einfahren Vorfahrt auf der durchgehenden Fahrbahn nicht beachtet	18 Abs. 3 49 Abs. 1, Nr. 18	100	3
19	Gewendet, rückwärts oder entgegen der Fahrtrichtung gefahren	18 Abs. 7 2 Abs. 1 49 Abs. 1, Nr. 2, 18		

Nr.	Tatbestand	§§ StVO	Regelsatz in DM und Fahrverbot	Punkte
19.1	in einer Ein- oder Ausfahrt		100	4
19.2	auf der Nebenfahrbahn oder dem Seitenstreifen		200	4
19.3	auf der durchgehenden Fahrbahn		300 Fahrverbot 1 Monat	4
20	Auf Autobahnen oder Kraftfahrstraßen geparkt (§ 12 Abs. 2 StVO)	18 Abs. 8 49 Abs. 1, Nr. 18	80	2
21	Seitenstreifen zum Zweck des schnelleren Vorwärtskommens benutzt	2 Abs. 1 49 Abs. 1, Nr. 2	100	2
	Bahnübergänge			
22	Mit einem Fahrzeug den Vorrang eines Schienenfahrzeugs nicht beachtet oder Bahnübergang unter Verstoß gegen die Wartepflicht in § 19 Abs. 2 StVO überquert	19 Abs. 1, S. 1, Abs. 2, S. 1, 2 49 Abs. 1, Nr. 19, Buchst. a	100	3
	Öffentliche Verkehrsmittel und Schulbusse			
23	An einem an einer Haltestelle (Z. 224) haltenden öffentlichen Verkehrsmittel mit ein- oder aussteigenden Fahrgästen rechts nicht mit mäßiger Geschwindigkeit oder ausreichendem Abstand vorbeigefahren und dadurch einen Fahrgast			
23.1	behindert	20 Abs. 1, S. 3, 4 49 Abs. 1, Nr. 19, Buchst. b	80	2
23.2	gefährdet	20 Abs. 1, S. 2, 4 49 Abs. 1, Nr. 19, Buchst. b	100	2

Nr.	Tatbestand	§§ StVO	Regelsatz in DM und Fahrverbot	Punkte
24	An einem gekennzeichneten Schulbus, der gehalten und Warnblinklicht eingeschaltet hatte, nicht mit mäßiger Geschwindigkeit oder ausreichendem Abstand vorbeigefahren und dadurch ein Schulkind			
24.1	behindert	20 Abs. 1a, S. 2, 3 49 Abs. 1, Nr. 19, Buchst. b	80	2
24.2	gefährdet	20 Abs. 1a, S. 1, 3 49 Abs. 1, Nr. 19, Buchst. b	100	2
	Ladung			
25	Ladung oder Ladeeinrichtung nicht verkehrssicher verstaut oder gegen Herabfallen nicht besonders gesichert und dadurch einen anderen gefährdet	22 Abs. 1 1 Abs. 2 49 Abs. 1, Nr. 1, 21	100	3
	Sonstige Pflichten des Fahrzeugführers			
26	Als Fahrzeugführer nicht dafür gesorgt, daß das Fahrzeug, der Zug, die Ladung oder die Besetzung vorschriftsmäßig war, wenn dadurch die Verkehrssicherheit wesentlich beeinträchtigt war oder die Verkehrssicherheit des Fahrzeugs durch die Ladung oder die Besetzung wesentlich litt	23 Abs. 1, S. 2 49 Abs. 1, Nr. 22	100	3
	Fußgängerüberwege			
27	An einem Fußgängerüberweg, den ein Bevorrechtigter erkennbar benutzen wollte, das Überqueren der Fahrbahn nicht ermöglicht oder nicht mit mäßiger Geschwindigkeit herangefahren oder an einem Fußgängerüberweg überholt	26 Abs. 1, 3 49 Abs. 1, Nr. 24, Buchst. b	100	4

Nr.	Tatbestand	§§ StVO	Regelsatz in DM und Fahrverbot	Punkte
	Übermäßige Straßenbenutzung			
28	Als Veranstalter erlaubnispflichtige Veranstaltung ohne Erlaubnis durchgeführt	29 Abs. 2, S. 1 49 Abs. 2, Nr. 6	80	1
29	Ohne Erlaubnis Fahrzeug oder Zug geführt, dessen Maße oder Gewichte die gesetzlich allgemein zugelassenen Grenzen tatsächlich überschritten oder dessen Bauart dem Führer kein ausreichendes Sichtfeld ließ	29 Abs. 3 49 Abs. 2, Nr. 7	80	1
	Sonntagsfahrverbot			
30	Verbotswidrig an einem Sonntag oder Feiertag gefahren	30 Abs. 3, S. 1 49 Abs. 1, Nr. 25	80	1
31	Als Halter das verbotswidrige Fahren an einem Sonntag oder Feiertag angeordnet oder zugelassen	30 Abs. 3, S. 1 49 Abs. 1, Nr. 25	400	1
	Verkehrshindernisse			
32	Gegenstand auf eine Straße gebracht oder dort liegengelassen, obwohl dadurch der Verkehr gefährdet oder erschwert werden konnte	32 Abs. 1, S. 1 49 Abs. 1, Nr. 27	80	1
	Zeichen der Polizeibeamten			
33	Zeichen oder Haltgebot eines Polizeibeamten nicht befolgt	36 Abs. 1, S. 1, Abs. 2, 4, 5 49 Abs. 3, Nr. 1	100	3
	Wechsellichtzeichen und Dauerlichtzeichen			
34	Als Fahrzeugführer rotes Wechsellichtzeichen oder rotes Dauerlichtzeichen nicht befolgt	37 Abs. 2, Nr. 1, S. 7, 8, Nr. 2, Abs. 3, S. 1, 2 49 Abs. 3, Nr. 2	100	3

Nr.	Tatbestand	§§	StVO	Regelsatz in DM und Fahrverbot	Punkte
	Vorschriftszeichen				
35	Unbedingtes Haltgebot (Z. 206) nicht befolgt oder trotz Rotlicht nicht an der Haltlinie (Z. 294) gehalten und dadurch einen anderen gefährdet	41 1 49	Abs. 2, Nr. 1, Buchst. b, Abs. 3, Nr. 2 Abs. 2 Abs. 1, Nr. 1, Abs. 3, Nr. 4	100	3
36	Als Fahrzeugführer in einem Fußgängerbereich (Z. 241, 242, 243) einen Fußgänger gefährdet				
36.1	bei zugelassenem Fahrzeugverkehr (Z. 241, 242 mit Zusatzschild)	41 49	Abs. 2, Nr. 5, S. 7, Nr. 2, S. 2 Abs. 3, Nr. 4	80	1
36.2	bei nicht zugelassenem Fahrzeugverkehr	41 1 49	Abs. 2, Nr. 5, S. 6, Buchst. a, S. 2, S. 7, Nr. 1, S. 2 Abs. 2 Abs. 1, Nr. 1, Abs. 3, Nr. 4	100	1
37	Eine für kennzeichnungspflichtige Kraftfahrzeuge mit gefährlichen Gütern (Z. 261) oder für Kraftfahrzeuge mit wassergefährdender Ladung (Z. 269) gesperrte Straße befahren	41 49	Abs. 2, Nr. 6 Abs. 3, Nr. 4	200	3
38	Kraftfahrzeug trotz eines Verkehrsverbots bei Smog (Z. 270) geführt	41 49	Abs. 2, Nr. 6 Abs. 3, Nr. 4	80	1
	Richtzeichen				
39	Als Fahrzeugführer in einem verkehrsberuhigten Bereich (Z. 325, 326) einen Fußgänger gefährdet	42 49	Abs. 4a, Nr. 3 Abs. 3, Nr. 5	80	1
40	Auf dem linken von mehreren nach Z. 340 markierten Fahrstreifen auf einer Fahrbahn für beide Richtungen überholt und dadurch einen anderen gefährdet	42 1 49	Abs. 6, S. 1, Nr. 1, S. 3, Buchst. b, S. 1, Buchst. c Abs. 2 Abs. 1, Nr. 1, Abs. 3, Nr. 5	80	1

Nr.	Tatbestand	§§ StVO	Regelsatz in DM und Fahrverbot	Punkte
	Verkehrszeichen und Verkehrseinrichtungen			
41	Einer den Verkehr verbietenden oder beschränkenden Anordnung, die öffentlich bekanntgemacht wurde, zuwidergehandelt	45 Abs. 4, Halbs. 2 49 Abs. 3, Nr. 7	80	1
42	Mit Arbeiten begonnen, ohne zuvor Anordnungen eingeholt zu haben, diese Anordnungen nicht befolgt oder Lichtzeichenanlagen nicht bedient	45 Abs. 6 49 Abs. 4, Nr. 3	150	1
	Ausnahmegenehmigung und Erlaubnis			
43	Vollziehbare Auflage einer Ausnahmegenehmigung oder Erlaubnis nicht befolgt	46 Abs. 3, S. 1 49 Abs. 4, Nr. 4	80	1
		§§ StVZO		
	Straßenverkehrs-Zulassungs-Ordnung			
	Erlaubnispflicht bei Beförderung von Fahrgästen mit Kraftfahrzeugen			
44	Ohne erforderliche Fahrerlaubnis zur Fahrgastbeförderung einen oder mehrere Fahrgäste in einem in § 15d Abs. 1 StVZO genannten Fahrzeug befördert	15d Abs. 1 69a Abs. 1, Nr. 10	150	3
45	Als Halter die Fahrgastbeförderung angeordnet oder zugelassen, obwohl der Fahrzeugführer die erforderliche Fahrerlaubnis zur Fahrgastbeförderung nicht besaß	15d Abs. 3 69a Abs. 1, Nr. 11	150	3

Nr.	Tatbestand	§§ StVZO	Regelsatz in DM und Fahrverbot	Punkte
	Betriebsverbot und -beschränkungen			
46	Als Halter oder Eigentümer einem Verbot, ein Fahrzeug in Betrieb zu setzen, zuwidergehandelt oder Beschränkungen nicht beachtet	17 Abs. 1, Halbs. 2 69a Abs. 2, Nr. 1	100	1
47	Betriebsverbot wegen Verstoßes gegen die Pflichten beim Erwerb des Fahrzeugs nicht beachtet	27 Abs. 3, S. 4, Halbs. 1 69a Abs. 2, Nr. 12	80	1
48	Betriebsverbot oder -beschränkung wegen Fehlens einer gültigen Prüfplakette nicht beachtet	29 Abs. 5, S. 3, Halbs. 1 69a Abs. 2, Nr. 15	80	1
	Zulassungspflicht			
49	Kraftfahrzeug oder Kraftfahrzeuganhänger ohne die erforderliche Zulassung oder Betriebserlaubnis auf einer öffentlichen Straße in Betrieb gesetzt	18 Abs. 1, 3, S. 1 69a Abs. 2, Nr. 3	100	3
	Untersuchung der Kraftfahrzeuge und Anhänger			
50	Als Halter Fahrzeug zur Haupt- oder Zwischenuntersuchung oder Bremsensonderuntersuchung nicht angemeldet oder vorgeführt bei einer Fristüberschreitung des Anmelde- oder Vorführtermins um mehr als 8 Monate	29 Abs. 1, S. 1 i.V.m. Nr. 2.1, 2.2, S. 1, 2, 4, 5, Nr. 2.8 S. 2, Nr. 3.1 S. 1, 2, 5 der Anlage VIII 69a Abs. 2, Nr. 14	80	2
	Verantwortung für den Betrieb der Fahrzeuge			
51	Als Halter die Inbetriebnahme eines Kraftfahrzeugs oder Zuges angeordnet oder zugelassen, obwohl	31 Abs. 2 69a Abs. 5, Nr. 3		
51.1	der Führer zur selbständigen Leitung nicht geeignet war		100	3

Nr.	Tatbestand	§§ StVZO	Regelsatz in DM und Fahrverbot	Punkte
51.2	das Fahrzeug, der Zug, die Ladung oder die Besetzung nicht vorschriftsmäßig war und dadurch die Verkehrssicherheit wesentlich beeinträchtigt war, insbesondere unter Verstoß gegen eine Vorschrift über		150	3
51.2.1	Lenkeinrichtungen	31 Abs. 2 i.V.m. 38 69a Abs. 5, Nr. 3	150	3
51.2.2	Bremsen	31 Abs. 2 i.V.m. 41 Abs. 1 bis 12, 15 bis 17 69a Abs. 5 Nr. 3	150	3
51.2.3	Einrichtungen zur Verbindung von Fahrzeugen	31 Abs. 2 i.V.m. 43 Abs. 1, S. 1 bis 3, Abs. 4, S. 1, 3 69a Abs. 5, Nr. 3	150	3
51.3	die Verkehrssicherheit des Fahrzeugs durch die Ladung oder die Besetzung wesentlich litt	31 Abs. 2 69a Abs. 5, Nr. 3	150	3
	Führung eines Fahrtenbuches			
52	Fahrtenbuch nicht ordnungsgemäß geführt, nicht ausgehändigt oder nicht für die vorgeschriebene Dauer aufbewahrt	31a S. 2, 3 69a Abs. 5, Nr. 4, 4a	100	1
	Abmessungen von Fahrzeugen und Zügen			
53	Kraftfahrzeug, Anhänger oder Fahrzeugkombination in Betrieb genommen, obwohl die höchstzulässige Breite, Höhe oder Länge überschritten war	32 Abs. 1, 2 69a Abs. 3, Nr. 2	100	1
54	Als Halter die Inbetriebnahme eines Kraftfahrzeugs, Anhängers oder einer Fahrzeugkombination angeordnet oder zugelassen, obwohl die höchstzulässige Breite, Höhe oder Länge überschritten war	31 Abs. 2 i.V.m. 32 Abs. 1, 2 69a Abs. 5, Nr. 3	150	1

Nr.	Tatbestand	§§ StVZO	Regelsatz in DM und Fahrverbot	Punkte
	Achslast, Gesamtgewicht, Anhängelast hinter Kraftfahrzeugen			
55	Kraftfahrzeug, Anhänger oder Fahrzeugkombination in Betrieb genommen, obwohl die zulässige Achslast, das zulässige Gesamtgewicht oder die zulässige Anhängelast hinter einem Kraftfahrzeug überschritten war	34 Abs. 2, S. 1, 2, Abs. 3, S. 1, 2, 5, 7 42 Abs. 1, 2, S. 2 69a Abs. 3, Nr. 4		
55.1	bei Kraftfahrzeugen mit einem zulässigen Gesamtgewicht über 7,5 t oder Kraftfahrzeugen mit Anhängern, deren zulässiges Gesamtgewicht 2 t übersteigt		vgl. Tabelle 3 Buchst. a, S. 101	
55.2	bei anderen Kraftfahrzeugen bis zu 7,5 t zulässiges Gesamtgewicht, auch Pkw		vgl. Tabelle 3 Buchst. b, S. 101	
56	Als Halter die Inbetriebnahme eines Kraftfahrzeugs, eines Anhängers oder einer Fahrzeugkombination angeordnet oder zugelassen, obwohl die zulässige Achslast, das zulässige Gesamtgewicht oder die zulässige Anhängelast hinter einem Kraftfahrzeug überschritten war	31 Abs. 2 i.V.m. 34 Abs. 2, S. 1, 2, Abs. 3, S. 1, 2, 5, 7 42 Abs. 1, 2, S. 2 69a Abs. 5, Nr. 3		
56.1	bei Kraftfahrzeugen mit einem zulässigen Gesamtgewicht über 7,5 t oder Kraftfahrzeugen mit Anhängern, deren zulässiges Gesamtgewicht 2 t übersteigt		vgl. Tabelle 3 Buchst. a, S. 101	
56.2	bei anderen Kraftfahrzeugen bis 7,5 t zulässiges Gesamtgewicht		vgl. Tabelle 3 Buchst. b, S. 101	
57	Gegen die Pflicht zur Feststellung der zugelassenen Achslasten oder über das Um- oder Entladen bei Überlastung verstoßen	34 Abs. 5 69a Abs. 5, Nr. 4c	100	1

Nr.	Tatbestand	§§ StVZO	Regelsatz in DM und Fahrverbot	Punkte
	Besetzung von Kraftomnibussen			
58	Kraftomnibus in Betrieb genommen und dabei mehr Personen befördert, als im Fahrzeugschein Plätze ausgewiesen waren	34a Abs. 1 69a Abs. 3, Nr. 5	100	1
59	Als Halter die Inbetriebnahme eines Kraftomnibusses angeordnet oder zugelassen, obwohl mehr Personen befördert wurden, als im Fahrzeugschein Plätze ausgewiesen waren	31 Abs. 2 i.V.m. 34a Abs. 1 69a Abs. 5, Nr. 3	150	1
	Bereifung und Laufflächen			
60	Kraftfahrzeug oder Anhänger in Betrieb genommen, dessen Reifen keine ausreichenden Profilrillen oder Einschnitte oder keine ausreichende Profil- oder Einschnittiefe besaß	36 Abs. 2, S. 3, 4 69a Abs. 3, Nr. 8	100	3
61	Als Halter die Inbetriebnahme eines Kraftfahrzeugs oder Anhängers angeordnet oder zugelassen, dessen Reifen keine ausreichenden Profilrillen oder Einschnitte oder keine ausreichende Profil- oder Einschnittiefe besaß	31 Abs. 2 i.V.m. 36 Abs. 2, S. 3, 4 69a Abs. 5, Nr. 3	150	3
	Sonstige Pflichten für den verkehrssicheren Zustand des Fahrzeugs			
62	Fahrzeug in Betrieb genommen, das sich in einem Zustand befand, der die Verkehrssicherheit wesentlich beeinträchtigte, insbesondere unter Verstoß gegen eine Vorschrift über		100	3
62.1	Lenkeinrichtungen	38 69a Abs. 3, Nr. 9	100	3
62.2	Bremsen	41 Abs. 1 bis 12, 15 bis 17 69a Abs. 3, Nr. 13	100	3

Nr.	Tatbestand	§§ StVZO	Regelsatz in DM und Fahrverbot	Punkte
62.3	Einrichtungen zur Verbindung von Fahrzeugen	43 Abs. 1, S. 1 bis 3, Abs. 4, S. 1, 3 69a Abs. 3, Nr. 3	100	3
	Stützlast			
63	Kraftfahrzeug mit einem einachsigen Anhänger in Betrieb genommen, dessen zulässige Stützlast um mehr als 50% über- oder unterschritten wurde	44 Abs. 3, S. 1 69a Abs. 3, Nr. 3	80	1
	Abgassonderuntersuchung			
64	Als Halter die Frist für die Abgassonderuntersuchung um mehr als acht Monate überschritten	47a Abs. 1, S. 1 69a Abs. 5, Nr. 5a	80	1
	Auflagen bei Ausnahmegenehmigungen			
65	Als Halter einer vollziehbaren Auflage einer Ausnahmegenehmigung nicht nachgekommen	71 69a Abs. 5, Nr. 8 13 und § 14, Nr. 4 V-Int	100	1
		§§ Ferienreise-VO		
	Ferienreise-Verordnung			
66	Kraftfahrzeug trotz eines Verkehrsverbots innerhalb der Verbotszeiten länger als 15 Minuten geführt	1 5 Nr. 1	80	1
67	Als Halter die Führung eines Kraftfahrzeugs trotz eines Verkehrsverbots innerhalb der Verbotszeiten länger als 15 Minuten zugelassen	1 5 Nr. 1	200	1

Nr.	Tatbestand	§§ StVG	Regelsatz in DM und Fahrverbot	Punkte
	Zuwiderhandlungen gegen § 24a StVG			
	0,8-Promille-Grenze			
68	Kraftfahrzeug geführt mit einer Blutalkoholkonzentration von 0,8 Promille oder mehr oder einer Alkoholmenge im Körper, die zu einer solchen Blutalkoholkonzentration geführt hat	24a	500 Fahrverbot 1 Monat	4
68.1	bei Eintragung von bereits einer Entscheidung		1000 Fahrverbot 3 Monate	4
68.2	bei Eintragung von bereits mehreren Entscheidungen nach § 24a StVG, §§ 316 oder 315c, Abs. 1, Nr. 1, Buchst. a StGB im Verkehrszentralregister		1500 Fahrverbot 3 Monate	4

Tabelle 1 zu Nr. 5 des Bußgeldkatalogs

Geschwindigkeitsüberschreitungen

a) Kraftfahrzeuge der in § 3 Abs. 3 Nr. 2 Buchstaben a oder b StVO genannten Art (z. B. **Lkw, Kfz über 2,8 t, Busse, Pkw mit Anh.**)

Nr.	Überschreitung in km/h	Regelsatz bei Begehung innerhalb geschlossener Ortsch. DM	Punkte	Regelsatz bei Begehung außerhalb geschlossener Ortsch. DM	Punkte	Fahrverbot bei Begehung innerhalb geschlossener Ortsch. Monate	Fahrverbot bei Begehung außerhalb geschlossener Ortsch. Monate
5.1	16–20	100	1	80	1	–	–
	21–25	120	1	100	1	–	–
	26–30	180	3	120	3	–	–
	31–40	250	3	200	3	1	–
	41–50	300	4	250	3	1	1
	über 50	400	4	350	4	2	1

b) kennzeichnungspflichtige Kraftfahrzeuge der in Buchstabe a genannten Art mit gefährlichen Gütern oder Kraftomnibusse mit Fahrgästen

Nr.	Überschreitung in km/h	Regelsatz bei Begehung innerhalb geschlossener Ortsch. DM	Punkte	Regelsatz bei Begehung außerhalb geschlossener Ortsch. DM	Punkte	Fahrverbot bei Begehung innerhalb geschlossener Ortsch. Monate	Fahrverbot bei Begehung außerhalb geschlossener Ortsch. Monate
5.2	16–20	150	1	120	1	–	–
	21–25	200	2	150	2	–	–
	26–30	250	3	200	3	1	–
	31–40	350	3	300	3	1	1
	41–50	400	4	350	4	2	1
	über 50	450	4	400	4	3	2

c) andere als die in Buchstaben a oder b genannten Kraftfahrzeuge (z. B.: **Pkw**)

Nr.	Überschreitung in km/h	Regelsatz DM	Fahrverbot bei Begehung innerhalb geschlossener Ortschaften Monate	Punkte	Fahrverbot bei Begehung außerhalb geschlossener Ortschaften Monate	Punkte
5.3	21–25	80	–	1	–	1
	26–30	100	–	3	–	3
	31–40	150	–	3	–	3
	41–50	200	1	4	–	3
	51–60	300	1	4	1	4
	über 60	400	1	4	1	4

Tabelle 2 zu Nr. 6 des Bußgeldkatalogs

Nichteinhalten des Abstandes von einem vorausfahrenden Fahrzeug

Nr.		Regelsatz in DM	Fahrverbot	Punkte
	Der Abstand von einem vorausfahrenden Fahrzeug betrug in Metern			
6.1	a) bei einer Geschwindigkeit von mehr als 80 km/h			
	weniger als 5/10 des halben Tachowertes	80		1
	weniger als 4/10 des halben Tachowertes	100		2
	weniger als 3/10 des halben Tachowertes	150		3
	weniger als 2/10 des halben Tachowertes	200	1 Monat soweit die Geschwindigkeit mehr als 100 km/h beträgt	4
	weniger als 1/10 des halben Tachowertes	250	1 Monat soweit die Geschwindigkeit mehr als 100 km/h beträgt	4
6.2	b) bei einer Geschwindigkeit von mehr als 130 km/h			
	weniger als 5/10 des halben Tachowertes	100		2
	weniger als 4/10 des halben Tachowertes	150		3
	weniger als 3/10 des halben Tachowertes	200		4
	weniger als 2/10 des halben Tachowertes	250	1 Monat	4
	weniger als 1/10 des halben Tachowertes	300	1 Monat	4

Tabelle 3 zu Nr. 55, 56 des Bußgeldkatalogs

Überschreiten der zulässigen Achslast oder des zulässigen Gesamtgewichts von Kraftfahrzeugen, Anhängern, Fahrzeugkombinationen sowie der Anhängelast hinter Kraftfahrzeugen

a) bei Kraftfahrzeugen mit einem zulässigen Gesamtgewicht über 7,5 t oder Kraftfahrzeugen mit Anhängern, deren zulässiges Gesamtgewicht 2 t übersteigt

Nr.	Überschreiten in v. H.	Regelsatz in DM	Punkte
	– für Inbetriebnahme		
55.1	mehr als 5	100	1
	mehr als 10	120	1
	mehr als 15	150	1
	mehr als 20	200	3
	mehr als 25	300	3
	mehr als 30	400	3
	– für Anordnen oder Zulassen der Inbetriebnahme		
56.1	mehr als 5	150	1
	mehr als 10	250	3
	mehr als 15	300	3
	mehr als 20	400	3
	mehr als 25	450	3

b) bei anderen Kraftfahrzeugen bis 7,5 t zulässiges Gesamtgewicht (auch Pkw)

Nr.	Überschreiten in v. H.	Regelsatz in DM	Punkte
	– für Inbetriebnahme, Anordnen oder Zulassen der Inbetriebnahme		
55.2	mehr als 20	100	3
oder	mehr als 25	150	3
56.2	mehr als 30	250	3

Tabelle 4 zum gesamten Bußgeldkatalog

Erhöhung der Regelsätze bei Hinzutreten einer Gefährdung oder Sachbeschädigung

Die im Bußgeldkatalog bestimmten Regelsätze erhöhen sich beim Hinzutreten einer Gefährdung oder Sachbeschädigung, soweit diese Merkmale nicht bereits im Grundtatbestand enthalten sind, wie folgt:

Bei einem Regelsatz für den Grundtatbestand von DM	mit Gefährdung auf DM	mit Sachbeschädigung auf DM
80	100	120
100	120	150
120	150	180
150	200	250
180	220	270
200	250	300
250	300	350
300	350	450
350	400	450
400	450	450

Enthält der Grundtatbestand bereits eine Gefährdung, führt Sachschaden zu folgender Erhöhung:

Bei einem Regelsatz für den Grundtatbestand von DM		mit Sachbeschädigung auf DM
80		100
100		120
120		150
150		200

Stichwortverzeichnis

ADAC-Anschriften

Hier erhält man Rat und Hilfe:

Juristische Zentrale
des ADAC e. V.
Am Westpark 8
Postfach 70 01 07
8000 **München** 70
Tel. 0 89/76 76-24 23

ADAC Berlin
ADAC-Haus
Bundesallee 29–30
1000 **Berlin** 31
Tel. 0 30/86 86-0

ADAC Westfalen-Ost
Stapenhorststraße 131
4800 **Bielefeld** 1
Tel. 05 21/10 81-0

ADAC Weser-Ems
ADAC-Haus
Bennigsenstraße 2–6
2800 **Bremen** 1
Tel. 04 21/49 94-0

ADAC Westfalen-West
Kaiserstraße 63
Postfach 14 43
4600 **Dortmund** 1
Tel. 02 31/54 99-0

ADAC Hessen
Schumannstraße 4–6
Postfach 97 01 07
6000 **Frankfurt** 1
Tel. 0 69/74 30-0

ADAC Südbaden
Karlsplatz 1
Postfach 1 07
7800 **Freiburg**
Tel. 07 61/36 88-0

ADAC Hansa
Amsinckstraße 39
Postfach 10 02 02
2000 **Hamburg** 1
Tel. 0 40/23 99-0

ADAC Niedersachsen
Hindenburgstr. 36–37
Postfach 1 63
3000 **Hannover** 1
Tel. 05 11/85 00-0

ADAC Nordbaden
Steinhäuserstraße 22
Postfach 11 60
7500 **Karlsruhe** 1
Tel. 07 21/81 04-0

ADAC Schleswig-Holstein
Saarbrückenstraße 54
(ADAC-Haus)
Postfach 13 20
2300 **Kiel** 1
Tel. 04 31/66 02-0

ADAC Mittelrhein
Hohenzollernstraße 34
Postfach 1 29
5400 **Koblenz**
Tel. 0261/13 03-0

ADAC Nordrhein
Service-Zentrum
Luxemburger Str. 169
Postfach 51 05 40
5000 **Köln** 41 (Sülz)
Tel. 02 21/47 27-0

ADAC Südbayern
Ridlerstraße 35
Postf. 12 01 20 Mü. 12
8000 **München** 2
Tel. 0 89/51 95-0

ADAC Pfalz
Martin-Luther-
Straße 69
Postfach 10 01 63
6730 **Neustadt**
Tel. 0 63 21/89 05-0

ADAC Nordbayern
Prinzregentenufer 7
Postfach 11 31
8500 **Nürnberg** 1
Tel. 09 11/53 90-1

ADAC Saarland
Am Staden 9
Postfach 9 07
6600 **Saarbrücken**
Tel. 06 81/6 87 00-0

ADAC Württemberg
Am Neckartor 2
Postfach 10 01 44
7000 **Stuttgart** 1
Tel. 07 11/28 00-0

Abkürzungsverzeichnis

ADAC	Allgemeiner Deutscher Automobil-Club
Abs.	Absatz
Anh.	Anhänger
ARB	Allgemeine Bedingungen für die Rechtsschutzversicherer
AuslPflVG	Gesetz über die Haftpflichtversicherung für ausländische Kraftfahrzeuge und Kraftfahrzeuganhänger
Beh.	Behinderung
BGK	Bußgeldkatalog
Buchst.	Buchstabe
BVerfG	Bundesverfassungsgericht
bzw.	beziehungsweise
ca.	zirka
ccm	Kubikzentimeter
DDR	Deutsche Demokratische Republik
d. h.	das heißt
DM	Deutsche Mark
EG	Europäische Gemeinschaft
evtl.	eventuell
FerienreiseVO	Ferienreise-Verordnung
geb.	geboren
Gef.	Gefährdung
gem.	gemäß
Gtb.	Grundtatbestand
h	hora (lat.: Stunde)
Halbs.	Halbsatz
IntKfzVO	Verordnung über den internationalen Kraftfahrzeugverkehr
i.V.m.	in Verbindung mit
Kfz	Kraftfahrzeug
kg	Kilogramm
km/h	Kilometer pro Stunde
kW	Kilowatt
Lkw	Lastkraftwagen
MPU	medizinisch-psychologische Untersuchung
NJW	Neue Juristische Wochenschrift
Nr.	Nummer
OWiG	Gesetz über Ordnungswidrigkeiten
PflVG	Pflichtversicherungsgesetz
Pkw	Personenkraftwagen
‰	Promille
PS	Pferdestärke
S.	Satz
Sbs.	Sachbeschädigung
StGB	Strafgesetzbuch
StPO	Strafprozeßordnung
StVG	Straßenverkehrsgesetz
StVO	Straßenverkehrs-Ordnung
StVZO	Straßenverkehrs-Zulassungs-Ordnung
t	Tonne
u. a.	unter anderem
VGK	Verwarnungsgeldkatalog
vgl.	vergleiche
v.H.	vom Hundert
Vint	Verordnung über internationalen Kraftfahrzeugverkehr
Z.	Zeichen
z. B.	zum Beispiel

Verkehrszeichen aus der StVO

Alle Zeichen, die in den ›Katalogen‹ (Bußgeld, Verwarnungsgeld, Punkte) nur mit einer Nummer erwähnt sind, findet man hier in den Abbildungen. Darüber hinaus sind aber auch alle anderen wichtigen Verkehrszeichen wiedergegeben.

§ 40 Gefahrzeichen

101

Gefahrstelle

102

Kreuzung oder Einmündung mit Vorfahrt von rechts

103

Kurve (rechts)

105

Doppelkurve (zunächst rechts)

108

Gefälle

110

Steigung

112

Unebene Fahrbahn

113

Glättegefahr

114

Schleudergefahr bei Nässe oder Schmutz

115

Steinschlag

117

Seitenwind

120

Verengte Fahrbahn

121

Einseitig (rechts) verengte Fahrbahn

123

Baustelle

124

Stau

125

Gegenverkehr

128

Bewegliche Brücke

129

Ufer

131

Lichtzeichenanlage

134

Fußgängerüberweg

136

Kinder

138

Radfahrer kreuzen

140

Tiere

142

Wildwechsel

144

Flugbetrieb

150

Bahnübergang mit Schranken oder Halbschranken

151

Unbeschrankter Bahnübergang

158

Dreistreifige Bake

160

Zweistreifige Bake

162

Einstreifige Bake

§ 41 Vorschriftzeichen

201

Andreaskreuz, dem Schienenverkehr Vorrang gewähren!

205
Vorfahrt gewähren!

206

Halt! Vorfahrt gewähren!

208

Dem Gegenverkehr Vorrang gewähren!

209

Vorgeschriebene Fahrtrichtung rechts

210

Vorgeschriebene Fahrtrichtung links

211

Vorgeschriebene Fahrtrichtung hier rechts

212

Vorgeschriebene Fahrtrichtung hier links

213

Vorgeschriebene Fahrtrichtung geradeaus

214

Vorgeschriebene Fahrtrichtung geradeaus und rechts

215

Vorgeschriebene Fahrtrichtung geradeaus und links

216

Vorgeschriebene Fahrtrichtung rechts und links

220

Einbahnstraße (rechtsweisend)

222

Vorgeschriebene Vorbeifahrt rechts vorbei

223

Vorgeschriebene Vorbeifahrt links vorbei

237

Sonderweg Radfahrer

224

Haltestelle Straßenbahn oder Linienbusse

226

Haltestelle Kraftfahrtlinien

224a

Haltestelle Straßenbahn oder Linienbusse

229

Taxenstand

239

Sonderweg Reiter

241

Sonderweg Fußgänger

242

Beginn eines Fußgängerbereichs

243

Ende eines Fußgängerbereichs

245

Linienomnibusse

250

Verbot für Fahrzeuge aller Art

251

Verbot für Kraftwagen

252

Verbot für Krafträder und Kraftwagen

253

Verbot für Kfz mit einem zulässigen Gesamtgewicht über 2,8 t, ausgenommen Personenkraftwagen und Kraftomnibusse

254

Verbot für Radfahrer

255

Verbot für Krafträder

256

Verbot für Lastkraftwagen mit Anhänger

259

Verbot für Fußgänger

260

Verbot für Fahrräder mit Hilfsmotor

261

Verbot für kennzeichnungspflichtige Kraftfahrzeuge mit gefährlichen Gütern

262

Verbot für Fahrzeuge über angegebenes tats. Gewicht

263

Verbot für Fahrzeuge über angegebene tatsächliche Achslast

264

Verbot für Fahrzeuge über angegebene Breite

265

Verbot für Fahrzeuge über angegebene Höhe

266

Verbot für Fahrzeuge über angegebene Länge

267

Verbot der Einfahrt

268

Schneeketten sind vorgeschrieben

269

Verbot für Fahrzeuge mit wassergefährdender Ladung

270

Verkehrsverbot bei Smog

I

Zonen-Geschwindigkeits-Beschränkung

II

Ende der Zonen-Geschwindigkeits-Beschränkung

273

Verbot des Fahrens ohne einen Mindestabstand

274

Zul. Höchstgeschwindigkeit

III

Zusatzschild »bei Nässe« für Zeichen 274

275

Vorgeschriebene Mindestgeschwindigkeit

276

Überholverbot für Kraftfahrzeuge aller Art

277

Überholverbot für Kraftfahrzeuge mit einem zul. Gesamtgewicht über 2,8 t, ausgenommen Personenkraftwagen und Kraftomnibusse

278

Ende der zulässigen Höchstgeschwindigkeit

279

Ende der vorgeschriebenen Mindestgeschwindigkeit

280

Ende des Überholverbots für Kraftfahrzeuge aller Art

281

Ende des Überholverbots für Kraftfahrzeuge mit einem zul. Gesamtgewicht über 2,8 t

282

Ende sämtlicher Streckenverbote

283

Haltverbot

283 A

Haltverbot (Anfang)

283 M

Haltverbot (Mitte)

283 E

Haltverbot (Ende)

286

Eingeschränktes Haltverbot

290

Zonenhaltverbot für einen Stadtbezirk

291

Parkscheibe

292

Ende des Zonenhalteverbots

293

Fußgängerüberweg

294
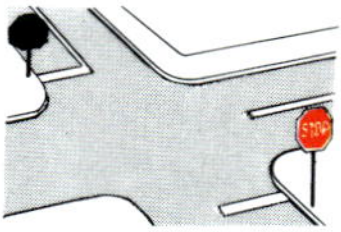
Haltlinie

295

Fahrstreifenbegrenzung und Fahrbahnbegrenzung

296
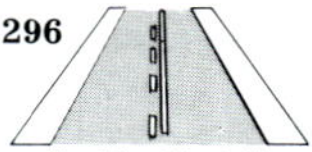
Einseitige Fahrstreifenbegrenzung

297
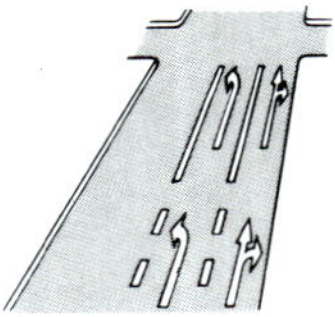
Richtungspfeile

298
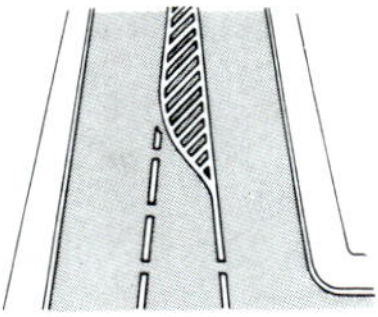
Sperrflächen

299
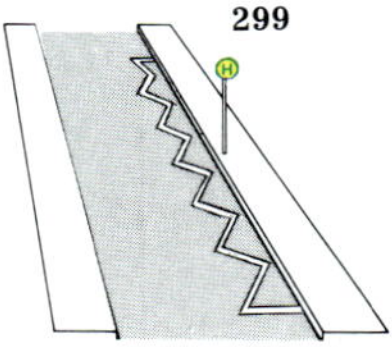
Grenzmarkierung für Parkverbote

§ 42 Richtzeichen

301

Vorfahrt an der nächsten Kreuzung

306

Vorfahrtstraße

307

Ende der Vorfahrtstraße

308

Vorrang vor dem Gegenverkehr

314

Parkplatz

315

Parken auf Gehwegen

321

Parken auf Gehwegen

329

Wanderparkplatz

330

Autobahn

331

Kraftfahrtstraße

334

Ende der Autobahn

336

Ende der Kraftfahrtstraße

358

Erste Hilfe

325

Beginn eines verkehrsberuhigten Bereichs

326

Ende eines verkehrsberuhigten Bereichs

350

Fußgängerüberweg

340

Leitlinie

341
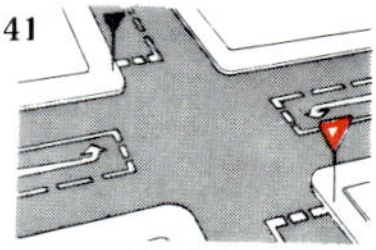
Wartelinie

353

Einbahnstraße

354

Wasserschutzgebiet

356

Schülerlotsen

357
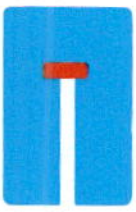
Sackgasse

361a

Tankstelle auch mit bleifreiem Benzin

392

Zollstelle

§ 39 Zusatzschilder

843a

Verlauf der Vorfahrtstraße

857

Rollstuhlfahrer

861

Schulbus tageszeitliche Benutzung

867

Anwohner mit Parkausweisnummer . . . frei